ESTABLECER LÍMITES

La información contenida en este libro se basa en las investigaciones y experiencias personales y profesionales del autor y no debe utilizarse como sustituto de una consulta médica. Cualquier intento de diagnóstico o tratamiento deberá realizarse bajo la dirección de un profesional de la salud.

La editorial no aboga por el uso de ningún protocolo de salud en particular, pero cree que la información contenida en este libro debe estar a disposición del público. La editorial y el autor no se hacen responsables de cualquier reacción adversa o consecuencia producidas como resultado de la puesta en práctica de las sugerencias, fórmulas o procedimientos expuestos en este libro. En caso de que el lector tenga alguna pregunta relacionada con la idoneidad de alguno de los procedimientos o tratamientos mencionados, tanto el autor como la editorial recomiendan encarecidamente consultar con un profesional de la salud.

Título original: Setting Boundaries
Traducido del inglés por Antonio Luis Gómez Molero
Diseño de portada: Editorial Sirio, S.A.
Maquetación: Toñi F. Castellón

© de la edición original
  2023 de Simon & Schuster, Inc.

  Edición publicada mediante acuerdo con Adams Media,
  un sello editorial de Simon & Schuster, Inc., a través de International Editors & Yáñez Co' S.L.

© Fotografía de la autora
  Cha Taccad Photography

© de la presente edición
  EDITORIAL SIRIO, S.A.
  C/ Rosa de los Vientos, 64
  Pol. Ind. El Viso
  29006-Málaga
  España

www.editorialsirio.com
sirio@editorialsirio.com

I.S.B.N.: 978-84-19685-84-1
Depósito Legal: MA-2121-2024

Impreso en Imagraf Impresores, S. A.
c/ Nabucco, 14 D - Pol. Alameda
29006 - Málaga

Impreso en España

Puedes seguirnos en Facebook, Twitter, YouTube e Instagram.

 El papel utilizado para la impresión de este libro está **libre de cloro** elemental (ECF) y su procedencia está certificada por una entidad independiente, no gubernamental, que promueve la sostenibilidad de los bosques.

KRYSTAL MAZZOLA WOOD

autora de *Superar la Codependencia*

ESTABLECER LÍMITES

100 maneras de protegerte, fortalecer tus relaciones
y crear la vida que deseas...

¡empezando desde ya!

EDITORIAL
SIRIO

Dedicatoria

A Amy: siempre defendiste mi derecho a cuidarme y protegerme, mucho antes de que yo misma creyera merecerlo. Has sido una parte esencial de mi proceso de autocuración y la primera relación sana que he tenido en mi vida. Nuestra amistad es uno de mis mayores tesoros: gracias por ser una luz tan brillante, te quiero.

Agradecimientos

A Julia. Muchas gracias por creer en mi voz y en mi proyecto de ayudar a los demás a establecer límites saludables. Te agradezco enormemente el apoyo y la orientación que me prestaste mientras preparaba y escribía este libro. Aprecio sinceramente el haber podido depositar mi confianza en ti a lo largo de todo el proceso creativo. Espero que este sea el primero de muchos proyectos juntas.

A Laura. Eres una editora excepcional. Gracias por entender a la perfección mi propósito. Tus ideas han sido increíblemente valiosas para aportar claridad a mis palabras y a mi intención de ayudar a los lectores. ¡Ojalá tenga la suerte de volver a contar con tu guía en el futuro!

A Caleb. Eres el terapeuta que me ayudó a corregir el rumbo cuando estaba en una senda de autosabotaje. Te agradezco tu apoyo y tu profunda sabiduría: me ayudaste a transformar mi trayectoria vital por completo. Sin ti, no estaría viviendo ahora mismo la vida de mis sueños. Tu labor en este mundo es un regalo precioso: gracias por todo lo que has hecho por mí y, con toda seguridad, por innumerables clientes más. Te aprecio inmensamente.

A Skitters. Gracias por tus recordatorios diarios de actuar de forma asertiva.

A Amy. Gracias por ayudarme a encontrar mi voz. Me encanta ver cómo profundizas en la tuya también, es preciosa. Gracias por proporcionarme momentos para respirar y descansar de este proyecto, ¡lo necesitaba!

A las chicas de mi club de lectura, Jules, Tiffany, Carrie, Amra, Jasmine, Taylor y Melanie. Vuestra amistad ha reforzado mi confianza. Cada una de vosotras es la encarnación de una amiga auténtica y digna de confianza; gracias por celebrar siempre mi voz con un amor y un apoyo tan sinceros.

A todos mis clientes pasados y actuales. Este libro no habría sido posible sin vosotros. Gracias por confiar en mí para recorrer juntos vuestra senda de sanación y empoderamiento. Es todo un privilegio asistir al descubrimiento de vuestro auténtico yo y vuestra verdadera voz. Habéis enriquecido mi vida más de lo que imagináis.

A Ethan. Cuando empezamos a salir, me asombró —y me sigue asombrando— tu manera de respetarte y cuidarte a ti mismo. Siempre has sido una fuente de inspiración por la forma en que defiendes, sin dudar en ningún momento, tu derecho a establecer límites. Gracias por ser para mí un referente de empoderamiento en todo momento. No tengo palabras para expresar mi gratitud por tu apoyo durante el proceso de escritura de este libro (¡a estas alturas he escrito más contigo que sin ti!). Gracias por creer en mí y en mi visión de dejar una huella positiva en este mundo. Tu amistad y tu colaboración es justo lo que siempre soñé. ¡Te amo!

Índice

Introducción

¿Sueles decir que sí a todo? ¿Te sientes molesto por la intromisión de tus suegros o de tus padres? ¿Estás demasiado cansado, desnutrido o estresado?* Tal vez te haga falta aprender a establecer mejores límites. Marcar unos límites sanos te permite disminuir la influencia de los demás en tu vida y elegir lo que es mejor para ti. Los límites pueden consistir en rechazar una petición, en mantenerte firme con tus seres queridos, en reivindicar tus necesidades cuando estás en una relación, y también en cuidar de tu cuerpo. Con *Establecer límites* aprenderás por qué es tan importante trazar límites en todos los ámbitos de tu vida —desde el de las relaciones y la salud hasta el laboral— y cómo establecerlos.

Hace falta una buena dosis de valentía para dar los pasos que te permiten establecer unos límites más sanos. Y es posible que, al iniciar este viaje, te sientas un poco intimidado o inseguro, pero *Establecer límites* facilita la comprensión del proceso y te servirá de apoyo tanto si trabajas con un terapeuta como si haces este trabajo por tu cuenta. Si, por cuestiones de presupuesto o de agenda, no te es posible incorporar la terapia a tu vida, este libro puede ser la guía que te permita transformarla paso a paso.

---

* N. del T.: Por razones prácticas, se ha utilizado el masculino genérico en la traducción del libro. Dada la cantidad de información y datos que contiene, la prioridad al traducir ha sido que la lectora y el lector la reciban de la manera más clara y directa posible.

Conforme avances en la lectura de este libro, y lo mismo que si estuvieras en terapia, irás desarrollando una mayor autoconsciencia. Este autoconocimiento te servirá para adquirir numerosas habilidades que son necesarias para establecer límites. Por ejemplo, cuando te conoces mejor, te resulta más fácil identificar los límites que necesitas. La confianza en ti que conlleva el autoconocimiento te permite comunicar a los demás estos límites de forma asertiva, amable y cariñosa. Asimismo, el autoconocimiento te ayuda a superar las barreras personales que antes te impedían poner límites, como el sentimiento de culpa y la ansiedad. Aprenderás que establecer límites no es una actitud egoísta ni te convierte en una persona antipática; de hecho, es la mejor manera de construir relaciones basadas en la honestidad. Por último, cuanto más te conoces, más te quieres. Un mayor amor propio te ayuda a fijar límites, ya que estás apostando por respetarte y protegerte cada vez más.

Para establecer límites es necesario actuar, por eso en este libro encontrarás un centenar de actividades prácticas. Estos ejercicios te ofrecen oportunidades concretas para desarrollar y practicar tu habilidad de establecer límites de maneras rápidas y sencillas. Por ejemplo, aprenderás a:

- Superar cualquier sentimiento de culpa que te impida marcar límites.
- Descubrir qué límites específicos necesitas establecer y por qué.
- Decir no sin agresividad.
- Comunicar a los demás tus límites con claridad y confianza.
- Defenderte cuando no se respeten tus límites.
- Y mucho más.

Establecer límites te enseñará a identificar lo que necesitas y lo que no necesitas en tu vida. Aprenderás a desarrollar y fortalecer tu capacidad de fijar límites de una manera natural y lógica, del mismo modo en que se puede desarrollar y fortalecer la musculatura. Esta es una habilidad que te servirá durante toda tu vida, ya que la necesidad de establecer, expresar y ajustar límites no desaparece nunca. Comprometerte a establecer unos límites te ayudará a construir relaciones sanas, fortalecer la confianza y crear una vida feliz y equilibrada.

Cómo utilizar este libro

Asistir a terapia es una forma eficaz y valiente de aprender más sobre ti, dar prioridad a tu salud mental y superar los retos de la vida. Tanto si estás planteándote asistir a terapia como si ya llevas años haciéndolo, los ejercicios prácticos de *Establecer límites* te ayudarán a reforzar ideas clave, practicar nuevas habilidades y acelerar tu progreso.

Aunque no es necesario hacer terapia mientras utilizas este libro, un terapeuta profesional podría ayudarte a afrontar retos especialmente difíciles a lo largo del camino. Después de todo, un terapeuta que te conozca y conozca tu situación está mejor cualificado para evaluar y abordar tus necesidades individuales.

Establecer límites tiene una estructura muy fácil de entender. Los capítulos uno y dos te proporcionan la información básica que necesitarás para el resto del libro, como, por ejemplo, en qué consisten los límites, las razones por las que son necesarios y cómo mantenerte firme con ellos, incluso en los momentos complicados. A partir de ahí, podrás leer el resto de los capítulos como lo veas más apropiado. Podrías avanzar por el libro siguiendo un orden, capítulo a capítulo, o bien saltar directamente a los temas y las actividades que más te interesen. Todas las opciones son válidas.

Durante el proceso de aprender a poner límites, puede que descubras algunos aspectos difíciles de tu vida que aún no has asimilado del todo. Sé paciente y amable contigo mismo. Es importante que escuches —y respetes— tus pensamientos y emociones. Reflexiona sobre estas ideas con integridad y sinceridad, y pide ayuda si la necesitas.

Tanto si utilizas este libro con un terapeuta como si lo haces por tu cuenta, su lectura te abrirá los ojos a nuevas perspectivas e ideas que pueden mejorar tu bienestar físico y mental. Ten presente que es muy valiente por tu parte el haberte decidido a cultivar mejores límites. Se trata de una labor difícil, pero gratificante, que merece la pena. Deja que *Establecer límites* te guíe gentilmente en esta travesía crucial.

Primera parte

Conceptos básicos

Antes de iniciar cualquier viaje, es conveniente prepararse. En la primera parte, cultivarás conocimientos y habilidades esenciales que te servirán para toda tu andadura en el establecimiento de límites a lo largo de este libro y posteriormente. Es natural que ahora mismo tengas más preguntas que respuestas, no solo sobre cómo establecer límites, sino sobre lo que de verdad quieres. A lo largo de este proceso aprenderás mucho sobre ti: conectarás plenamente con tus objetivos y desarrollarás habilidades para mantener la motivación incluso cuando sientas incomodidad o te enfrentes a dificultades en el camino que tienes por delante. Aprenderás a darte ánimos y a asumir tu responsabilidad de hacer lo que te conviene.

Esta parte también te animará a visualizar el futuro con el que sueñas. Puede que aún no sepas ni siquiera en qué consiste, lo cual es comprensible. Tal vez te hayan dicho antes, cuando le has contado a alguien tus sueños, que eso no es realista: este libro te ayudará a ignorar a los detractores y a alcanzar tu auténtica vida soñada. Piensa que, por el simple hecho de estar aquí, leyendo esto, ya has empezado a cambiarla, porque tienes la valentía de atreverte a mejorar tu capacidad de establecer límites.

Capítulo 1

Las bases de unos límites sanos

Los límites afectan a todos los aspectos de tu vida y te permiten sentirte seguro, relajado y querido. Sin embargo, son mucho más que eso: hay límites externos e internos, y es importante lograr que sean «los justos»...; en otras palabras, que no sean ni poco firmes ni excesivamente rígidos.

En este capítulo aprenderás todos los fundamentos de un sistema de límites saludable, para que desarrolles tu base de conocimientos y tu confianza. Estos conceptos básicos te prepararán para abordar con éxito temas más específicos (como los límites en torno al tiempo, el dinero, etc.) en el resto del libro.

¿Qué son los límites?

En términos de autocuidado, los límites son cualquier barrera que necesites establecer para sentirte seguro. Están relacionados con tus necesidades, deseos y valores únicos. Los límites también guardan relación con tu autenticidad. Para vivir como realmente quieres tienes que elegir lo que te funciona y dejar a un lado lo que no.

A veces, tus límites surgen de tus entrañas o de tu corazón, en lugar de ser una elección consciente.

Los límites —cuando son sanos— siempre están presentes. También existen en todas tus relaciones, incluida la que tienes contigo mismo. Los límites sanos son coherentes, pero flexibles. Pueden variar según la relación, el estado de ánimo, el momento del día, así como las necesidades y los deseos negociables. Por ejemplo, tal vez seas extrovertido, pero a veces sientas la necesidad de tener tu propio espacio.

Los límites son como una valla que rodea tu casa y te permite sentirte protegido de los demás. Tú decides quién entra y quién no. Los límites sanos son vallas, no muros. Debes ser firme con ellos, pero, cuando te parezca bien, puedes transigir. Por ejemplo, tu médico podría tener la norma de cobrarte por las cancelaciones tardías y exigir su cumplimiento generalmente, lo cual es un límite sólido. Sin embargo, podría no cobrarte si cancelas la cita por una necesidad urgente. Esto es una muestra de los límites saludables de tu médico, ya que son firmes pero, al mismo tiempo, flexibles.

La tarea de poner límites implica reconocer tanto tus propios derechos como las responsabilidades que tienes hacia los demás. Tienes derecho a tener unas necesidades y unos límites, y asimismo, la responsabilidad de comunicárselos a los demás sin acritud. Por ejemplo, en lugar de criticar a tu cónyuge por ser un «vago», pídele que limpie lo que ensucia. La base de toda relación sana es una sensación de seguridad mutua.

Por último, un sistema de límites sano está formado por límites externos y límites internos. Aprendamos más sobre ellos.

Entiende los límites externos

Los límites externos te protegen de otras personas y actúan como la valla que rodea tu casa, manteniéndote a salvo. A veces se expresan directamente; por ejemplo, si pides a un amigo que te avise cuando vaya a llegar tarde, se trata de un límite externo expreso.

Otras veces, sin embargo, puedes optar por no expresar un límite externo que aun así haces respetar, por diversas razones, como:

- En ocasiones, sencillamente no será posible hacerlo. Si alguien te corta el paso cuando vas conduciendo, no podrás decirle de forma asertiva que necesitas que no ponga en peligro tu seguridad. Pero, al mismo tiempo, puedes optar por cambiar de carril y evitar ese coche lo mejor posible para no poner en riesgo tu seguridad.
- A veces no es necesario expresar tu límite externo. Tu propio reconocimiento de ese límite —es decir, el hecho de apoyar su legitimidad— basta para que te sientas seguro. Por ejemplo, si te desagrada todo lo que tenga que ver con las dietas, puedes distanciarte en una conversación en la que alguien califique los alimentos de buenos o malos. También podrías optar por no afirmar tu límite porque no necesitas que la otra persona cambie de conversación. Tu propia comprensión —y respeto— de tu límite puede ser suficiente para que tomes medidas para sentirte bien.
- Por último, hay situaciones o gente con las que no es prudente establecer límites expresamente. Si sabes que alguien discutirá contigo o te denigrará por poner límites, es mejor que evites expresárselos de forma directa. Tienes derecho a marcar tus límites y a sentirte seguro. Parte de este derecho a la seguridad consiste en discernir con quién se pueden establecer límites y con quién es arriesgado hacerlo. Supongamos que tienes un compañero de trabajo que intimida a los demás. En lugar de decirle que sea más amable, podrías

optar por evitarlo. La forma en que alguien –incluido tú– responde a la fijación de un límite o a la expresión de una necesidad es lo que diferencia a las personas en las que puedes confiar de aquellas con las que estás en riesgo. En el capítulo nueve profundizaremos en cómo distinguir a las personas seguras de las inseguras.

Entiende los límites internos

Los límites internos son los que te impones a ti mismo por tu seguridad. Esto tiene una doble interpretación:

1 Los límites que estableces para que los demás estén seguros contigo; por ejemplo, evitar hacer ciertos comentarios cuando estás enfadado.

2 Los límites que estableces para estar seguro contigo mismo; por ejemplo, cuidarte y tranquilizarte, dando un paseo para despejarte.

La base de toda relación sana es una sensación de seguridad compartida, y los límites internos te ayudan a mantenerla.

Dos tipos habituales de problemas relacionados con límites

Estos son los dos problemas que la gente experimenta más a menudo en lo que se refiere a sus límites:

1 **Límites porosos** son aquellos que existen en algunas situaciones o momentos, pero no en otros. Un límite poroso puede consistir en contar a alguien información personal y delicada sobre ti que quizá no querrías que se supiera demasiado pronto en una relación. Ser complaciente con todos también es un signo de un límite poroso, porque con tal de

hacer felices a los demás, puedes olvidarte de prestarte a ti la misma atención.

2 **Límites amurallados** reflejan una incapacidad para abrirte o confiar en otros, a pesar de que te estén mostrando que son dignos de confianza.

Puedes experimentar estas dos situaciones con límites diferentes: en algunas podrías estar amurallado y, en otras, ser demasiado poroso. También es posible que tengas límites sanos en algunas relaciones o entornos, o que hayas traspasado los límites de otra persona. Nadie sigue un camino claro y lineal en lo que respecta a los límites. Esta imperfección forma parte de la naturaleza humana. De manera que procura no criticarte ni atacarte a ti mismo. Lo más importante es que ahora estás adquiriendo una mayor conciencia que te permitirá sentir más seguridad en el futuro. Por último, debes saber que no hay límites «correctos» o «incorrectos», ya que están relacionados con tus preferencias personales.

Aprender a establecer límites consiste en progresar, nunca en alcanzar la perfección (¡que no es posible para nosotros, los seres humanos!). A lo largo de este proceso, aprender a desarrollar una mayor comprensión de los límites sanos y una autoconciencia más profunda constituye un logro importante.

Visualiza tus límites

En este ejercicio, visualizarás tus límites imaginándolos como una burbuja firme pero flexible. De esta manera podrás ver los límites como parámetros firmes y consistentes que te permiten sentirte seguro y al mismo tiempo estar abierto a adaptarte a los demás, siempre que sea posible, para satisfacer las necesidades de ambos. Cuando hayas leído esta visualización, intenta repetirla a diario, sobre todo cuando trates con personas difíciles o te encuentres en alguna situación que te agobie. Esta visualización te ayudará a sentirte más centrado y seguro a la hora de enfrentarte a esos retos.

Herramientas:
Papel y bolígrafo (opcional)

Pasos:
1 Busca un asiento cómodo y coloca ambos pies firmemente apoyados en el suelo para sentirte más arraigado emocionalmente. Puedes hacerlo como te sientas más cómodo, ya sea dentro de casa, con los pies descalzos, con los zapatos puestos o directamente sobre la tierra. Si tienes dificultades con las visualizaciones, coloca ambos pies en el suelo y, en lugar de utilizar tu imaginación, escribe las siguientes indicaciones en primera persona, añadiendo los detalles que desees.

2 Imagina que tienes en la mano un rotulador del color que prefieras. Imagínate dibujando un círculo en el suelo, a tu alrededor. Respira hondo. Si estás escribiendo el ejercicio, puedes poner: «Estoy sentado con un rotulador rojo. Ahora estoy dibujando un círculo rojo en el suelo a mi alrededor». (Continúa así durante el resto del ejercicio).

3 Imagina que el círculo se convierte en luz y empieza a elevarse a tu alrededor. Esta luz puede ser del mismo color que tu rotulador o de otro distinto. Cualquier cosa que imagines es válida. Imagina que esta luz sigue creciendo a tu alrededor hasta llegar a las rodillas y al respaldo del asiento.

4 Al inspirar, deja que la luz se expanda sobre el pecho y la base de la garganta y el cuello.

5 Imagina que este círculo crece sobre la cara y la parte posterior de la cabeza. Esta luz sigue ampliándose hasta que se sitúa sobre la coronilla, formando una burbuja. Debería conectarse a tu alrededor. Si hay algún hueco en la burbuja, visualiza que lo remiendas con lo que te parezca adecuado, tal vez con flores o un trozo de satén.

6 Mientras estás en tu burbuja, decide lo que permites que entre en tu vida y en tu experiencia emocional. Ahora estás protegido de los juicios, expectativas, problemas y deseos ajenos. Tú eliges lo que te conviene y lo que no. También tienes un filtro en esta burbuja que te permite respetar los límites de los demás. Por último, dentro de ella, eres libre de renovar tus límites o volver a negociarlos con autenticidad siempre que te parezca bien.

7 Observa cómo te sientes emocionalmente en tu burbuja. ¿Qué sensaciones percibes en el cuerpo? Con suerte, te sentirás seguro y cómodo. Si no es así, imagina qué podrías introducir en tu burbuja para sentir más seguridad. Pero ten en cuenta que no debe ser alguien que haya en tu vida; esto te impediría disfrutar de una intimidad sana, ya que la verdadera intimidad requiere que cada persona disponga de su propio espacio. Solo teniendo este espacio puedes oír y ver al otro con claridad. De lo contrario, estaréis demasiado cerca para ver o ser vistos de verdad. En lugar de a otra persona, podrías llamar a una mascota, a tu poder superior o a tu yo futuro para que te reconforten. Averigua qué es lo que te hace sentirte más seguro dentro de tu burbuja.

8   En cualquier momento, incluso tras finalizar la visualización, puedes imaginar que tienes esta burbuja. Siempre que te sientas abrumado, comprueba si tu burbuja protectora está activa. Si no es así, vuelve a hacer esta visualización para recrearla.

Reconecta con tu cuerpo

A menudo, cuando tienes límites porosos, tus pensamientos se centran en cuidar de los demás o en ganarte su aprobación. A veces, este enfoque externo te llevará a sentirte desconectado de ti mismo, tanto emocional como físicamente. Por desgracia, esto te impide identificar claramente tus límites, ya que solo pueden proceder de ti. Por eso, en esta actividad, practicarás la reconexión con tu cuerpo en el momento presente para poder volver a centrar tu atención en tus necesidades.

Pasos:

1 Dedica un momento a centrarte y, para ello, haz lo que mejores resultados te dé. Podrías, por ejemplo, realizar un par de respiraciones profundas, colocar los pies en el suelo o ponerte las manos sobre el corazón para centrarte en el momento actual. Pregúntate: «¿Qué porcentaje de mí está presente en este momento?». Es probable que veas, oigas o sencillamente te venga a la mente una cifra determinada. La mayoría de la gente, especialmente quienes tienen límites porosos, no está presente al cien por cien. No hay por qué avergonzarse de ello.

2 Mientras inspiras, observa dónde sientes que reside tu consciencia (casi todo el mundo elige la cabeza). Ahora imagina que llevas tu atención desde la cabeza y los hombros hasta las plantas y los dedos de los pies.

3 Extiende tu presencia hacia los brazos, las manos y las puntas de los dedos.

4 Ahora lleva tu atención hacia dentro y nota cualquier sensación (como hormigueos) que pueda estar o no estar presente en los pies y las manos.

5   Siente cómo habitas plenamente tu cuerpo. Aprieta los dedos de las manos y los pies y luego suéltalos con suavidad para notar tu presencia física.

6   Respira hondo y siente la diferencia, a nivel físico y, quizá también, emocional, cuando llevas tu consciencia de forma plena a tu cuerpo. Nota qué sientes realmente en este momento, incluso si esa sensación es de incomodidad. Limítate a notar esto como información y felicítate por haber profundizado en la conexión con tu cuerpo.

Imagínate que eres un niño y protégete

Establecer límites de forma eficaz es parecido a comportarse como un padre o una madre. Los progenitores responsables solo permiten que personas de confianza cuiden de su hijo. Y si este les dice que le hacen daño, escuchan atentamente y toman medidas para protegerlo. Si tuviste padres que te guiaron y protegieron, puedes utilizar sus acciones como modelo. Si no, ten presente que no estás solo y que, de todas formas, eres capaz de ser un buen padre o una buena madre para ti mismo. En este ejercicio, actuarás como si lo fueras, con el fin de empoderarte y proporcionarte la protección que necesitas y mereces.

Herramientas:
Papel y bolígrafo

Pasos:

1 ¿De qué situaciones te apartarías si actuaras como un buen padre contigo? Por ejemplo, de un trabajo en el que te exijan demasiado. No necesitas justificar por qué estas situaciones no son buenas para ti. El hecho de que perjudiquen al «niño» es suficiente para justificar los límites.

2 ¿Hay personas a las que limitarías el tiempo que pasan con tu «niño»? Ejemplos de ello podrían ser un amigo tóxico o un compañero de trabajo acosador.

3 Tus respuestas revelan los límites que quizá debas establecer. Si aún no estás preparado para hacerlo, no te preocupes. Basta con que tomes conciencia de lo que te hace daño para dar un paso decisivo hacia el establecimiento de límites.

4 Ahora, dirige tu atención a tu niño interior. Es la parte juguetona e infantil que hay en ti. Tal vez te parezca raro,

ridículo o incómodo establecer esta conexión; sin embargo, abrir líneas de comunicación con esta parte de ti te ayuda a profundizar en tu voluntad de autoprotección. Imagina que reconoces o apoyas a este niño escribiéndole unas palabras cariñosas. Hazle saber que comprendes perfectamente por qué se siente mal con esta persona o personas. Asegúrale que es normal sentirse disgustado por determinadas personas o situaciones. Dile que tiene derecho a sentir lo que siente.

5 Para terminar, consuela al niño haciéndole saber que estás aprendiendo habilidades para poder protegerlo como se merece.

Establece límites internos para sentirte seguro contigo mismo

Los límites internos que veremos a lo largo de este ejercicio son los que estableces para estar seguro contigo mismo, como los referentes al autocuidado. Mucha gente los pasa por alto o los considera egoístas, cuando en realidad son justamente lo contrario. En esta actividad, reflexionarás sobre las áreas en las que podrías mejorar tus límites internos.

Herramientas:
Papel y bolígrafo

Pasos:

1   Divide la hoja de papel en tres secciones horizontales, denominadas *Áreas de crecimiento*, *Razones* y *Objetivos*. En *Áreas de crecimiento*, enumera las áreas de tu vida en las que crees que no te estás comportando como te gustaría. Por ejemplo, puede que no duermas lo suficiente o que no hayas programado una cita importante con el médico. Intenta darte cuenta de ello con una actitud de curiosidad y aceptación y céntrate en tomar conciencia de estas situaciones.

2   Sé comprensivo con respecto a las *razones* por las que a veces no te tienes en cuenta a ti mismo y enuméralas en la segunda sección del documento. Estar sobrecargado de trabajo, carecer de recursos económicos o estar abrumado son razones comprensibles por las que puedes olvidarte de ti mismo.

3   En el apartado *Objetivos*, haz una lluvia de ideas sobre cómo te gustaría cuidarte más y menciona un pequeño paso que puedas dar para conseguirlo. Por ejemplo, si quieres hacer más ejercicio, puedes comprometerte a caminar dos veces por semana, ¡que ya es un gran progreso!

Establece límites internos para que los demás se sientan seguros contigo

Establecer límites internos para garantizar la seguridad de los demás consiste en comportarte de modo que quienes te rodean se sientan seguros. Por ejemplo, cuando estés enfadado, trata de no soltar lo primero que se te ocurra. Somos humanos, de manera que a veces cometemos errores y transgredimos los límites ajenos. No obstante, si tienes unos límites porosos, es mucho más probable que tus errores —aunque sean involuntarios— te abrumen y no tengas en cuenta que cualquiera podría cometerlos. En esta actividad, seguirás un esquema de seis pasos que garantizará que los demás puedan sentirse seguros contigo y te evitará, en la medida de lo posible, sentirte avergonzado.

Pasos:

1   **Acuérdate de alguna vez en que hayas sobrepasado un límite.** Para empezar este ejercicio, recuerda una ocasión en la que vulneraras los límites de otros, aunque fuera sin querer. Si no se te ocurre nada, pregúntate: «¿Alguien en mi vida me ha dicho recientemente que lo he herido, molestado u ofendido?». Quizá tu hija te haya pedido que dejes de obligarla a jugar al fútbol. O tu cónyuge te reprochara que ya no lo escuchas.

2   **Observa tus sentimientos.** Ahora presta atención a cómo te hace sentir esta situación. Muchos sienten vergüenza. Ten en cuenta que una cosa es la culpa, que es el sentimiento de haber hecho algo malo, y otra, en cambio, la vergüenza, que te hace creer que eres una «mala persona».

3   **Observa cómo te tratas.** Piensa en cómo te tratas a ti mismo a raíz de esta situación. Alguna gente es muy dura consigo

misma cuando se siente avergonzada, culpable o incómoda. Recuerda que la naturaleza misma del ser humano es la imperfección. Es natural que cometas errores, incluso que a veces transgredas los límites ajenos, simplemente porque eres humano.

4 **Trátate con cariño.** Enfréntate a esa voz crítica que te dice lo «malo» que eres en este momento. La vergüenza te ataca y te hace sentirte inseguro contigo mismo. También te impide ofrecer a quienes te rodean la seguridad que quieres ofrecerles. Cuando no pones límites a esa voz crítica, es natural que quieras defender tus acciones para «demostrar» que eres bueno, en lugar de reconocer en qué has podido herir a alguien.

5 **Date cuenta de cualquier actitud defensiva que tengas.** Observa si sientes el impulso de defender o justificar tus acciones que han disgustado a alguien. La actitud defensiva invalida los sentimientos y los límites de los demás, con lo que aumenta su malestar. Intenta evaluar la situación con la objetividad de un robot que recoge información sobre lo sucedido.

6 **Sé responsable.** Todo el mundo transgrede en ocasiones los límites de otros, pero lo que separa a las personas fiables de las que no lo son es la capacidad de asumir una auténtica responsabilidad. En tu situación, ¿de qué puedes responsabilizarte sin disculparte falsamente ni ponerte a la defensiva? Una auténtica rendición de cuentas incluye una disculpa y medidas para cambiar. ¿Qué podrías hacer para volver a ser una persona segura para aquellos a quienes hayas podido herir en tu vida? Por ejemplo:

• Podrías disculparte con tu hija y reconocerle su derecho a elegir las actividades extraescolares que más le gusten.

Como padre o madre, sigues teniendo la responsabilidad de guiarla, así que también podrías reafirmar la importancia de la actividad física y animarla a que elija otros ejercicios que le gusten.

- Podrías decirle a tu cónyuge que comprendes lo que dice y admitir que has estado ausente. O explicarle que tú también valoras la conexión y comprometerte a pasar al menos unos veinte minutos cada noche con él o ella, sin pantallas por medio.

Aprende otra manera de comunicarte

Hay cuatro formas principales de comunicarse: la comunicación pasiva, la pasivo-agresiva, la agresiva y la asertiva. En última instancia, todas menos la asertiva son formas inseguras de comunicarse con los demás. Son inseguras para ti porque no consigues satisfacer tus necesidades y también para los demás porque no son respetuosas. Estas formas ineficaces de comunicación provocan malentendidos, conflictos evitables y resentimiento, y son una razón frecuente por la que las parejas acuden a terapia.

En esta actividad, explorarás tus hábitos personales de comunicación para tomar conciencia y aumentar tu sensación de seguridad sin dejar de respetar a los demás. Recuerda que todos somos imperfectos y cometemos errores. Por mucho que hayas practicado habilidades eficaces para establecer límites, a veces te comunicarás de forma inadecuada. Se trata de un proceso de progreso, no de perfección.

Herramientas:
Programa de televisión o película
Papel y bolígrafo o un bloc de notas digital

Pasos:
1 Dedica un tiempo a ver un programa de televisión o una película. Puede ser el siguiente episodio de una serie que estés viendo, un programa que te guste desde hace tiempo o algo que no conozcas. Cuando lo veas, actuarás como un detective, observando qué tipos de comunicación se utilizan en cada momento. A veces es posible que no estés seguro, y no hay ningún problema en el hecho de que no sepas discernirlo claramente. Simplemente anota cuál de los cuatro estilos

principales de comunicación identificas cuando te resulten obvios. Procura encontrar al menos un ejemplo de cada uno. Escribe lo que percibiste que ponía de relieve el tipo concreto de comunicación (por ejemplo: «El hombre con el que salía le dijo "si no haces esto por mí, no me quieres", y eso es agresivo»). Estos son los cuatro estilos:

- La **comunicación pasiva** consiste en no decir lo que necesitas, quieres o sientes. Aquí guardas silencio y no expresas en absoluto tus necesidades o límites. Tal vez notes que este tipo de comunicación se da con más frecuencia en determinadas situaciones o con ciertas personas. Cuando prestas atención a la comunicación pasiva en los demás es posible que te fijes más en lo que alguien *no dice* que en *lo que dice*.

- La **comunicación pasivo-agresiva** consiste en no expresar con claridad tus necesidades: puedes culpar a otros, hacer «bromas» o soltar indirectas sutiles, esperando que los demás capten tus necesidades o límites. Cuando alguien se comunica de forma pasivo-agresiva, se muestra sarcástico o se burla de su interlocutor. También podría recurrir al lenguaje corporal, haciendo gestos, como, por ejemplo, poner los ojos en blanco.

- La **comunicación agresiva** consiste en gritar, criticar o amenazar. Un individuo puede actuar como un bravucón o un matón cuando es agresivo. Recuerda que todos somos imperfectos, así que no juzgues a nadie. El lenguaje corporal de una persona puede resultar intimidante, por ejemplo, mirar fijamente, señalar con el dedo o apretar los puños o la mandíbula cuando se muestra agresiva.

- La **comunicación asertiva** consiste en decir directamente a la gente lo que necesitas, quieres o esperas, o indicarles cuáles son tus límites, de un modo seguro para ti y para ellos. La comunicación asertiva permite que los demás conozcan claramente tus necesidades, al tiempo que reduce al mínimo el impulso de ponerse a la defensiva porque se sienten respetados. Cuando percibes esto en la forma de comunicarse de una persona, tienes la impresión de que es clara, amable, directa y honesta con respecto a lo que piensa, siente, necesita y quiere de su interlocutor. Además, respeta sus opiniones.

2 Una vez que tengas al menos un ejemplo de cada tipo de comunicación, hazte algunas preguntas:

- ¿Cómo te sentiste al observar los estilos de comunicación no asertivos? ¿Hubo algún caso en el que te sintieras abrumado o acobardado? Date cuenta de que, en ocasiones, es comprensible que tanto los demás como tú os expreséis de una manera no asertiva por diversas razones. Y date cuenta de cómo esa comunicación no asertiva puede abrumar, molestar, confundir o enfadar al interlocutor, lo que empeora la calidad de la interacción.

- ¿Qué impacto de la comunicación asertiva observaste en las relaciones, en comparación con la comunicación no asertiva?

- ¿Qué sentiste al observar la comunicación asertiva? Aunque aún no estés practicando la asertividad de manera sistemática, puedes empezar a aprender. A medida que avancemos en este libro, encontrarás muchas oportunidades de comunicarte más eficazmente utilizando esta comunicación. Sé valiente y receptivo cuando surjan estas oportunidades.

Afirma tus límites

La comunicación asertiva consiste en expresar clara y amablemente tus necesidades y límites, en lugar de ocultarlos o restarles importancia y, en ocasiones, resentirte con los demás por no ser capaces de adivinar lo que piensas. Una vez que has tomado la valiente decisión de hacerte oír, con amabilidad, los pasos siguientes son sencillos. La intención de este ejercicio es mostrarte un esquema claro y sencillo que te ayude a comunicarte de forma asertiva. De todas formas, ten en cuenta que, en esta fase de tu trayectoria, aún no es necesario ponerlo en práctica, a menos que te sientas preparado. Ahora mismo, como es habitual con las habilidades y los conceptos terapéuticos, lo que estás haciendo es únicamente plantar las semillas que te permitirán reafirmarte cuando lo elijas. No dudes en volver a este ejercicio cuando tengas más práctica en fijar límites internamente.

En esta actividad, aprenderás un guion sencillo para reafirmar tus límites. También tendrás en cuenta los posibles resultados habituales.

Pasos:

1   Identifica tus límites. La ira (y dentro de esta emoción podemos incluir el disgusto, el enfado o el resentimiento) es la señal más clara de que necesitas establecer un límite.

2   Prepárate para la conversación. Sobre todo, procura que sea sencilla. Si hablas mucho, corres el riesgo de diluir tu mensaje y echarte atrás. Tampoco deberías ceder al impulso de poner excusas, justificarte o justificar tus límites. Si lo haces, aumentarás las posibilidades de abrumar, confundir o poner a la defensiva a tu interlocutor.

3 Puedes modificar el siguiente guion para reafirmarte como necesites, pero procura que sea breve. Los límites no tienen sentido si el hecho de rebasarlos no tiene consecuencias. Sin embargo, puede que por ahora solo estés preparado para pedir que se te respete. Decide qué te parece apropiado hacer. Pero no te olvides de las consecuencias negativas. A menos que estés dispuesto a establecer consecuencias por infringir tus límites, no tiene ningún sentido reafirmarlos. La gente aprende a tratarte basándose en lo que tú permites.

- Plantea la situación de forma objetiva y valora la opinión de la otra persona brevemente, si procede. También puedes expresar brevemente tus sentimientos.

- Luego di: «Necesito (o quiero) _____ [tu límite]. Espero que se respete. Si es así, _____ [menciona la consecuencia positiva de respetar tu límite]. Si no, _____ [menciona la consecuencia negativa de no respetar tu límite]». Aquí tienes un ejemplo:

   * Me molesta que mi hermano esté últimamente muy insistente con sus opiniones sobre lo que debo hacer en mi matrimonio. Necesito que acepte que tengo derecho a tomar mis propias decisiones y que no quiero discutir más sobre esto. Se lo haré constar siguiendo este esquema:

   * «Sé que te he dicho que he tenido problemas con mi marido. Entiendo perfectamente por qué me has estado dando consejos desde entonces sobre lo que debería hacer, pero la verdad es que últimamente me estás agobiando. Necesito encontrar mi propio camino. Espero que, a partir de este momento, dejes de decirme lo que tengo que hacer para que no me sienta tan estresada cuando hablemos. De lo

contrario, si insistes en seguir dándome consejos sobre mi matrimonio tendré que poner fin a nuestras llamadas».

4 Si se respetan tus límites, ¡genial!

5 Si no (piensa que aquí la intención es lo de menos), ten en cuenta la frecuencia de la infracción:

- Infracciones poco frecuentes. Ten presente que incluso las personas seguras cometen errores. ¿De verdad está intentando cambiar, pero ha tenido un desliz? Si es así, recuérdale tus límites.

- Incumplimiento sistemático de tus límites. Si tus límites se incumplen sistemáticamente, es el momento de aplicar la consecuencia. Por ejemplo, poner fin a las llamadas telefónicas. Cuando establezcas un límite, descubrirás lo seguro o inseguro que es para ti una persona o un entorno. Para obtener más ayuda si no se respetan tus límites, consulta el capítulo nueve.

Crea el mapa del tesoro de tus límites

En muchas películas y libros, un mapa del tesoro le muestra al héroe o a la heroína cómo encontrar su recompensa, que suele consistir en joyas u oro. Con tu trayectoria vas en busca de un tesoro aún más valioso: paz, autenticidad y bienestar. Conseguirás todo esto —y mucho más— cuando aprendas a poner límites de forma eficaz y coherente.

En este ejercicio, crearás tu mapa del tesoro, que te ofrecerá un camino claro para tu proceso de transformación personal. Solo tienes que seguir consultando este mapa para orientarte a medida que desarrollas habilidades para establecer límites. También podrías considerarlo tu tratamiento. (En terapia, es una práctica habitual crear un plan de tratamiento en el que esbozas tus objetivos y cómo vas a alcanzarlos).

Herramientas:
Rotuladores, ceras o lápices de colores
Un papel sin rayas o una cartulina

Pasos:

1   Dedica unos momentos a reflexionar sobre el motivo o los motivos principales por los que has escogido este libro. ¿Qué cuestiones quieres abordar? Anota estos asuntos en la parte izquierda del papel. Si tienes muchas cuestiones, anota las tres principales.

2   Cuando se resuelvan estos problemas, ¿qué cambiará en tu vida? (Hacer el ejercicio «Escribe la historia de tu futuro yo», en la página 54, te ayudará a generar algunas ideas). Escribe tu objetivo final en la parte derecha del papel y marca este lugar con una X.

3 ¿Cómo sabrás que has progresado hacia tu objetivo? Fíjate en las señales más pequeñas que te indicarán que estás en el camino hacia la solución de tus problemas. Dibuja una línea serpenteante desde estos, a la izquierda de la página, hasta tu objetivo, a la derecha. Anota estas pequeñas señales de progreso en varios puntos de este camino.

4 Ahora revisa el índice de este libro. Aunque todos los capítulos son valiosos, presta atención a lo que sientes al mirarlos, para, de esta manera, identificar cuáles son los más necesarios para lograr tus objetivos. Deja que tus *sensaciones* te indiquen qué debes leer para alcanzar cada pequeña señal de progreso. Anota estos capítulos al lado de cada objetivo.

5 Mantén tu mapa del tesoro a mano para avanzar, por ejemplo en tu mesilla de noche. Confía en que has creado el camino correcto para ti y sigue los pasos que has trazado. Conserva este mapa del tesoro hasta el final de este libro: lo revisarás más adelante.

Ejemplo de los puntos clave de un mapa

Parte izquierda del papel: quiero dejar de complacer a la gente.

Parte derecha del papel con la X marcando el lugar: dedicaré tiempo al autocuidado. Puedo decir no sin sentirme culpable. Puedo expresar mis necesidades a mi cónyuge o a mis padres.

A lo largo de la línea trazada: estoy progresando cuando...

- ... puedo decirles a mis padres que no podré visitarlos este verano (capítulos ocho, nueve y diez);
- ... empiezo a leer de nuevo por placer (capítulos cuatro, cinco y seis);
- ... hago saber a mi marido que necesito más ayuda en casa (capítulos ocho, nueve y diez).

El cambio lleva tiempo

El proceso de cambio no suele ser lineal. Es posible que te desanimes cuando experimentes reveses naturales o veas pocos resultados a pesar de haberte esforzado mucho al principio. Ten paciencia contigo mismo y mantén tu compromiso: el proceso de cambio es lento inicialmente, pero luego cobra impulso.

Capítulo 2

Mantente centrado

Antes de empezar a trabajar en los propios límites, es una buena idea prepararse para esta tarea. Las actividades de este capítulo te ayudarán a concentrar tu energía, a despejar los posibles obstáculos y a mantener la motivación y el compromiso incluso en los momentos más arduos del camino. Aprenderás a visualizar tu éxito, a darte ánimos y a deshacerte de viejos hábitos o pautas que ahora no te sirven.

Si alguna vez flaquea tu sentido del compromiso para establecer límites, vuelve a este capítulo y a sus actividades. Así podrás recordar exactamente por qué empezaste esta andadura para recuperar tu poder, volver a conectar con tu visión esperanzada del futuro y reavivar tu motivación. Las actividades de este capítulo te alentarán y apoyarán.

El poder para cambiar tu vida se encuentra dentro de ti. Los primeros pasos empiezan ahora.

¿Para qué sirven los límites?

Desarrollar límites sanos puede transformar profundamente tu vida. Por ejemplo:

- Cuando estableces límites, empiezas a tener tiempo y espacio para vivir como tu auténtico yo. Este espacio y esta autoconciencia te permiten cambiar eficazmente cualquier aspecto de tu vida que ya no te sirva.
- Los límites sanos te enseñan que tú eres la mejor —y la única— persona capacitada para dirigir tu vida de una manera auténticamente satisfactoria.
- Los límites pueden ayudarte a ti y a quienes te rodean a sentiros escuchados y respetados.
- Si aprendes a dar prioridad al autocuidado —una parte importante del establecimiento de límites—, tendrás una mayor estabilidad emocional y una mejor salud física.

Al iniciar este viaje, lo más importante que debes recordar es que tienes derecho a poner límites para protegerte. Tienes derecho a sanar tu vida y mejorar cualquier relación o situación que te haga daño. Tienes el derecho —además de la responsabilidad— de efectuar los cambios que consideres necesarios para encontrar la paz, incluso aunque los demás no lo aprueben o no decidan cambiar su actitud.

Si no estableces límites, sentirás ansiedad, cansancio o agobio; impotencia y estancamiento, o inseguridad y una tendencia a no creer en ti. En un sentido más amplio, puede que te resulte difícil encontrar la verdadera felicidad o que tengas la impresión de que en tu vida falta alguien o algo. Cuando evitas fijar los límites que necesitas, el resultado más probable es una mayor ansiedad, inseguridad o resentimiento. Podrías actuar de un modo que no tiene nada que ver con quien realmente eres. Por lo general, este comportamiento consiste en ocultar o ignorar tus sentimientos porque no quieres enfrentarte a alguien o tienes miedo de molestar a los demás. Sin embargo, al final terminas estallando. Tal vez le grites a esa persona o le eches en cara todas las cosas que te molestan de ella, no solo el asunto en cuestión. O puede que actúes de forma pasivo-agresiva, gastándole «bromas» o lanzándole pullas y esperando que de esa manera se dé cuenta de lo que necesitas. Otra posibilidad es que nunca dejes aflorar tu resentimiento y ocultes siempre tus verdaderos pensamientos y sentimientos hasta el punto de llegar a una total desconexión contigo mismo e incluso a la depresión. Ninguna de estas opciones es buena para tu salud física o mental; por eso es tan importante establecer límites.

La solución a las dificultades habituales

Si te cuesta no solo poner límites, sino incluso llegar a reconocerlos, esto es comprensible. Le pasa a un gran número de personas. Muchas llegan a la edad adulta sin aprender a hacerlo. No te preocupes; este libro te ayudará a tener más claridad sobre tus necesidades y límites. A continuación, te presento algunas dificultades habituales a las que nos enfrentamos cuando pensamos en establecer límites.

Dificultad: te preocupa que establecer límites sea algo «mezquino» o que estropee tus relaciones.

Solución: comprende que esto no podría estar más lejos de la realidad. De hecho, es cuando *no* estableces límites cuando las relaciones se resienten. Los límites sirven para que ambas partes se sientan escuchadas y respetadas. Establecer límites es un acto de amor, tanto para ti como para cualquiera con quien tengas una relación, sentimental o de otro tipo. La intimidad con los demás se profundiza a medida que cada uno se muestra más como de verdad es comunicando sus necesidades y límites con sinceridad.

Dificultad: te sientes culpable por anteponer tus propias necesidades.

Solución: aprender a dar prioridad al autocuidado te ayudará a estabilizar tus emociones y a mejorar tu salud física. Tu mayor bienestar también beneficia de forma natural a tus seres queridos, ya que gracias a él puedes estar más tiempo presente en sus vidas.

Dificultad: te enfrentas a sentimientos contradictorios.

Solución: acepta que es completamente natural que haya una parte de ti que también se sienta mal por desarrollar tus límites, aunque sepas que los necesitas. Tener dos sentimientos a la vez —lo que se denomina pensamiento dialéctico— no es nada raro. El pensamiento dialéctico revela que una o varias ideas que parecen contradictorias pueden ser ciertas al mismo tiempo. Por ejemplo, puedes querer a tu cónyuge *y* sentirte resentido con él o ella. O sentirte culpable por poner límites *y* al mismo tiempo mejorar tus relaciones precisamente por hacerlo. Este tipo de pensamiento es una herramienta importante en la que apoyarte para cultivar tus límites.

Todas estas dificultades son comunes y puedes superarlas. La manera de conseguirlo es aumentar tu confianza, centrarte en el autocuidado y visualizar un futuro feliz.

Mantener el rumbo

Las actividades de este capítulo están diseñadas para reforzar tu compromiso de establecer límites cada vez que te encuentres ante un reto. A veces, es natural que sientas dudas o confusión acerca de tus límites. Otras veces, quienes te rodean pueden cuestionar tus límites o faltarte al respeto. Cuando surjan estos problemas, revisa estas actividades a fin de recordar por qué este proceso es importante para tener la vida que realmente deseas.

Al principio, cuando empiezas a sanar, puede parecerte que tu vida está empeorando en vez de mejorar. Esta es una etapa natural del proceso de cambio. Es justo en el momento en que sientes más emociones desagradables, o crees que tus relaciones están empeorando o estás a punto de perder los estribos, cuando de verdad te estás fortaleciendo.

Al final de este viaje te espera una gran recompensa. ¡Una vida en la que gozarás de una mayor autonomía y felicidad! Las habilidades que desarrolles en este capítulo te ayudarán a mantener tu rumbo y te permitirán sacarle partido a todo tu esfuerzo.

Escribe la historia de tu futuro yo

Siempre que te esfuerces por mejorar, es importante que tengas presente tu destino. Del mismo modo que no te subes al coche sin un objetivo final, eso mismo es necesario para asegurarte del éxito a la hora de aprender a establecer límites. Por supuesto, también debes mantener la mente abierta durante todo este proceso; tener las intenciones claras te despejará el camino.

En esta actividad, vas a imaginarte a tu yo futuro, que es experto en establecer límites. Más adelante, repasar esta visión te ayudará a mantenerte motivado durante los altibajos naturales del proceso.

Herramientas:
Papel y bolígrafo
Tablero de visión digital como Pinterest (opcional)

Pasos:
1   En este ejercicio, dedicarás unos veinte minutos a visualizar y escribir los detalles de a dónde te gustaría que te llevara este viaje, imaginando un día de tu futuro. (Si eres una persona visual, puedes responder a estas preguntas reuniendo imágenes en un programa o aplicación *online*). Permítete simplemente sentir curiosidad. No debes preocuparte por *cómo* vas a conseguir lo que visualizas. Mientras imaginas tu realidad futura, ten en cuenta que no tiene por qué haber nada malo en la actual. Podrías sentirte agradecido por la vida que ya tienes y aun así desear algunos cambios que te ayudarían a crecer.

2 Las siguientes indicaciones te servirán para generar ideas:

- Imagínate un día de tu futuro en el que tengas unos límites saludables. Piensa en cómo y a qué hora te despiertas. ¿Llevas a cabo algún ritual matutino para cuidarte? Si es así, ¿en qué consiste y cómo te ayuda?
- En este día futuro, ¿con quién pasas tiempo? En el caso de que ahora mismo conozcas a esa persona, ¿cómo ha cambiado la relación? Si se trata de alguien que aún no conoces, imagina la calidad de esta relación. Observa si surgen otros detalles sobre tus relaciones en general.
- ¿Cómo te comunicas con los demás ahora que tienes unos límites saludables? ¿Es posible ser fuerte y amable?
- ¿Cómo es ahora tu relación contigo mismo? ¿Cómo cuidas tu salud mental y física? Piensa en cómo te sentirás física y emocionalmente cuando tengas límites sanos.
- En esta realidad futura, ¿qué haces para divertirte? Quizá sea una actividad con la que ya disfrutas, pero podrías dedicarle más tiempo o espacio.
- En este día futuro con límites saludables, ¿en qué trabajas? Puede tratarse de contribuciones remuneradas o no remuneradas a tu familia y tu comunidad. ¿Estás conectado con un sentido de propósito? ¿Qué necesitas para sentirte respetado, valorado y seguro en tu trabajo?
- Por último, ¿cómo terminas el día cuando tienes unos límites sanos? ¿Llevas a cabo algún ritual para relajarte? Si es así, ¿cuál? ¿Cómo te ayuda?

3 En tu diario o en el papel, escribe todos los detalles de lo que imaginas. Relee este relato de tu realidad futura siempre que necesites un recordatorio de por qué estás haciendo este trabajo.

Márcate objetivos pequeños

¿Qué pequeño cambio te acercaría más a tu ideal? Si imaginaste que en el futuro tendrías más energía, por ejemplo, puedes imaginarte que te acuestas una hora antes. Tal vez puedas iniciar este cambio acostándote hoy diez minutos antes. Recuerda que todos los logros empiezan con un pequeño paso.

Construye la esperanza con una palabra ancla

Cuando empiezas el trabajo de transformación, es natural tener varias sensaciones a la vez. Por ejemplo, una parte de ti puede sentirse esperanzada, mientras que otra no está segura de que puedas desarrollar límites sanos. Esta actitud es totalmente comprensible. Si quieres seguir comprometido con tu crecimiento, solo necesitas que tu parte esperanzada sea al menos un uno por ciento mayor que tu parte escéptica.

Para apoyar tu éxito, alimentarás tu parte esperanzada en esta actividad designando una «palabra ancla», una palabra que te ayude a mantener los pies en la tierra, a concentrarte y tener esperanza en la tarea que tienes por delante. Si alguna vez flaqueas, vuelve a tu palabra de anclaje. Te centrará y te tranquilizará en medio del mar agitado.

Herramientas:
Bolígrafo
Nota adhesiva

Pasos:

1   Imagina un futuro en el que hayas aprendido a establecer claramente tus límites. ¿Cómo te sentirías? ¿Cómo podrías expresarlo con una sola palabra? Aquí tienes algunos ejemplos: *tranquilidad, confianza, fuerza, alivio, luz, energía, calma...* Ten en cuenta que para establecer límites es fundamental que aprendas a confiar en ti, de manera que escoge la que te haga sentir bien. No hay palabras «equivocadas».

2   Escríbela en una nota adhesiva y ponla en un lugar donde la veas a menudo.

3 Si lo deseas, lleva tu palabra de anclaje un paso más allá. Encuentra algo que la represente; una vela podría representar la paz, o algún objeto podría hacerte sentir seguro de ti mismo. Imagina que transmites la energía de tu palabra ancla a este objeto con tu aliento. Y llévalo contigo siempre que necesites apoyo para establecer tus límites.

Encuentra un referente para establecer límites

Cuando estás desarrollando una nueva habilidad, es útil fijarse en quienes hayan adquirido experiencia en ese campo. Lo mismo que si quieres aprender a jugar al tenis, te vendría bien ver vídeos de Serena Williams, puedes aprender a establecer límites fijándote en alguien que lo haga de la manera en que a ti te encantaría hacerlo.

Herramientas:
Foto u objeto relacionado con tu modelo a seguir

Pasos:

1   Plantéate quién puede ser tu modelo a la hora de establecer límites. Podría ser alguien que admires por su seguridad. Es probable que no se deje influir por los juicios o las expectativas de otros. Y que mantenga un equilibrio entre su amor a los demás y su amor propio. Podría tratarse de una persona que conoces, como un amigo, un familiar, un terapeuta, un profesor, un *coach*… En el caso de que no encuentres a nadie en tu vida que te inspire, piensa en algún personaje de la televisión o el cine que sea asertivo, pero al mismo tiempo amable. No existe ningún referente incorrecto, el que elijas está bien.

2   Busca una foto de esa persona o identifica un objeto que asocies con ella. Por ejemplo, podrías llevar una prenda de ropa parecida a la que lleva habitualmente. Utiliza este recordatorio físico de tu modelo de conducta cuando quieras conectar con sus cualidades durante un momento difícil.

3   A partir de ahora, piensa en esta persona o personaje cuando necesites establecer un límite. Imagínate cómo pensaría y actuaría. ¿Qué cualidades encarnaría al establecer ese

límite? Imagina que pudieras hablarle sobre algo que te preocupa. ¿Cómo te respondería? ¿Qué motivación o consejos te ofrecería?

4 Tu referente puede evolucionar con el tiempo, a medida que tus habilidades se desarrollen. De manera que no dudes en revisar este ejercicio y elegir otro a medida que atravieses las distintas fases de este proceso de aprendizaje.

Encuentra una cita o un mantra que te ayude

En ocasiones, es complicado desarrollar tus límites, sobre todo cuando los demás no entienden por qué los has establecido. Por supuesto, cuando lo entienden y lo apoyan, te sientes bien, pero estos límites son únicos y muy personales. De manera que, sin duda, habrá ocasiones en las que a alguien le resulte difícil comprenderlos. En esos momentos, cuando falte el apoyo externo, mira en tu interior para darte ánimos y reafirmarte. Una buena forma de hacerlo consiste en repetirte una cita o un mantra que te tranquilice. Estas palabras poderosas te recordarán la importancia de la labor que estás desempeñando. En esta actividad buscarás una cita o un mantra que te inspire confianza y te dé fuerzas en momentos de duda o de conflicto.

Herramientas:
Ordenador e impresora o un folio y material para dibujar

Pasos:
1 Determina qué obstáculos pueden surgir a la hora de establecer límites. Por ejemplo:

- ¿Tienes miedo al rechazo o a que los demás se enfaden contigo?

- ¿Crees que tienes tantas obligaciones en el trabajo o en casa que no te es posible establecer límites adecuadamente?

- ¿Alguna vez evitas establecer límites y esperas que sea otra persona la que te dé permiso para establecerlos? (Un ejemplo habitual de esto es ofrecer un listado de todas tus obligaciones cuando te invitan a hacer algo. En lugar de negarte cortésmente, esperas que el otro comprenda lo ocupado que estás y te libere de esa responsabilidad).

2 Reconoce cualquier sentimiento que surja cuando pienses en estos obstáculos, como ansiedad, culpa, inseguridad o confusión. Respira hondo unas cuantas veces mientras permites que estos sentimientos surjan y se exterioricen.

3 En el futuro, cuando te sientas inseguro, culpable o temeroso de poner límites, ¿qué necesitas oír para tranquilizarte? (Si estás bloqueado, quizá te ayude imaginar lo que te gustaría que te dijera tu referente a la hora de poner límites). Piensa en una frase que te reconforte. Podría ser un dicho popular, una cita o un mantra alentador como: «Este malestar es temporal». O tal vez quieras recordarte: «Mi yo futuro me agradecerá este esfuerzo». Otra forma de llegar a un mantra o una cita es revisar tus razones para elegir poner límites. También podrías buscar en Internet citas inspiradoras. Procura no pensar mucho tu elección. Lo que te reconforte es el mantra adecuado por ahora.

4 Escribe e ilustra tu mantra o cita, ya sea digitalmente o con papel y materiales de dibujo. Una vez que tengas una imagen, utilízala como fondo de pantalla de tu móvil para que siga animándote. Si lo prefieres, puedes colgar esta imagen en algún lugar de tu habitación u oficina. Cuando necesites reafirmarte para poner límites ante situaciones o emociones difíciles, repite tu cita o mantra alentador.

Reeduca a tu niño interior

La reeducación es un tipo de terapia que te permite curar las heridas que hayas podido sufrir durante tu infancia. Al reeducarte, aprendes a proveerte de todo aquello que pueda haberte faltado en tu niñez. Un padre o una madre sanos deben reafirmar, nutrir y poner límites para proteger a su hijo:

- Reafirmar desde la perspectiva de la reeducación significa darte ánimos en cualquier situación, tratarte con cariño cuando cometas un error o te enfrentes a un reto, y recordarte tu valor incondicional y que, pase lo que pase, eres «suficiente».
- Nutrir significa satisfacer tus necesidades materiales y emocionales, como por ejemplo un hogar seguro, ropa apropiada para las condiciones climáticas y un abrazo cariñoso.
- Establecer límites implica ocuparte de tus límites internos y externos, tanto los prácticos como los emocionales. Por ejemplo, unos padres sanos enseñan a sus hijos a utilizar un lenguaje respetuoso con los demás y a ser precavidos mirando a ambos lados antes de cruzar una calle.

En esta actividad, analizarás qué necesidades de reeducación tienes y cómo abordarlas.

Herramientas:
Papel y bolígrafo (opcional)

Pasos:

1 En primer lugar, abordemos la afirmación. ¿Cómo te sientes en estos momentos al afirmarte? ¿Te cuesta creer en ti o te

sale de forma natural? Si te resulta difícil, sé comprensivo, ten en cuenta que quizá durante tu infancia no había nadie que reafirmara tu valor, por más que lo merecieras. Observa qué sientes ahora y escríbelo si quieres.

2 Si te cuesta reafirmarte, piensa en la visión que tienes de tu futuro yo (del ejercicio «Escribe la historia de tu futuro yo» en la página 54). Observa cómo, tras desarrollar mejores límites, tu relación contigo mismo se vuelve, de forma natural, más cariñosa y alentadora. ¿Cómo podrías apoyar y reforzar a tu niño interior actuando como tu yo futuro?

3 En cuanto a nutrirte, ¿te resulta fácil hacerlo? ¿Tienes un lugar seguro donde vivir o te has procurado un fondo de jubilación? Si practicas el autocuidado, paseando o dándote baños con regularidad, esto también es nutrirte. Por el contrario, si te cuesta nutrirte y no te cuidas lo suficiente, ten en cuenta que probablemente no hayas tenido buenos referentes o ejemplos de esta conducta durante tu infancia. Quizá tu madre siempre te criticaba por ser «una vaga» cuando descansabas, por ejemplo, y ahora te cuesta darte un respiro. No es necesario que critiques a nadie por no haberte educado en este sentido. Basta con que ahora entiendas la necesidad de cultivar esta destreza.

4 ¿Cómo piensas cuidarte en el futuro? Tal vez necesites dormir más o actualizar tu vestuario. Haz una lluvia de ideas o escribe todo lo que se te ocurra. ¿Empezaste este libro sabiendo que hay áreas en las que ya estableces límites? Si es así, ¿cuáles? ¿Hay momentos en los que quizá no te dabas a ti mismo el suficiente reconocimiento? Por ejemplo, mostrarte más firme de lo que pensabas. También es comprensible que llegues a la conclusión de que vas a tener que esforzarte más de lo que habías previsto o que te sientas abrumado por

este proceso. Si es así, ¿puedes ver algún momento de tu vida en el que no te hayan enseñado a poner límites? Quizá tu padre siempre se quejaba de que se aprovechaban de él en el trabajo, por ejemplo, pero nunca hizo nada al respecto.

5 Valora todo el esfuerzo que has hecho hasta ahora para desarrollar tu capacidad de poner límites. Fíjate en las actividades que has realizado en este capítulo para reforzar tu compromiso de poner límites cuando sea necesario para protegerte de forma coherente. ¡Esto es una reeducación saludable en acción!

Conecta con tu niño interior
para mitigar el sentimiento de culpa

Muchos se sienten culpables o egoístas cuando necesitan poner un límite. Para superar esta barrera tan común, es útil imaginarse a uno mismo como un niño. Esta visualización te permite imaginar que estás estableciendo límites para otra persona, un niño que necesita tu ayuda. Esto te ayudará a cumplir tu compromiso de autoprotección y, al mismo tiempo, disminuirá tus sentimientos de culpa y vergüenza.

En esta actividad, empezarás a conectar con tu niño interior, una representación de tu yo infantil, que es alegre y espontáneo, y al mismo tiempo necesita protección de forma natural. Al hacer este ejercicio, procura mantener una actitud receptiva; da igual que te parezca un poco cursi, extraño o incluso ridículo. A menudo queremos evitar justo las cosas que más bienestar nos aportan. Permítete el espacio para experimentar con todos los conceptos de este libro a fin de encontrar lo que realmente te ayude.

Herramientas:

Fotos de la infancia

Papel y lápices de colores o rotuladores

Pegamento o cinta adhesiva

Pasos:

1   Busca una foto de cuando eras niño y pégala a un papel. (Si no tienes fotos tuyas de esos años, o te resulta demasiado doloroso mirarlas, dibújate de niño como lo harías durante la infancia. Utiliza la mano no dominante para dibujar esta imagen a fin de que se parezca más a una ilustración infantil).

2   Debajo o alrededor de la foto, escribe información sobre este niño como si estuvieras hablando de él con otra persona. ¿Qué elogios le harías? ¿Cómo describirías su personalidad? ¿Qué hace feliz a este niño? ¿Qué le asusta? ¿Cuáles son sus actividades favoritas?

3   Piensa que este niño se merece recibir la protección de unos límites sanos. Esto podría consistir en limitar el tiempo que pasa con alguien cuya presencia le agobia. O podrías proteger su salud empezando a salir antes del trabajo. Nota: Si te cuesta creer que este niño merece protección, tómate un tiempo para reflexionar sobre ello. Es posible que hayas tenido experiencias durante tu infancia que oscurecieran la verdad de tu valor innato; por ejemplo, si sufriste acoso escolar, puede que tengas poca confianza en ti. Si después de reflexionar sobre esto sigues teniendo dificultades para creer en tu valía, quizá debas considerar la posibilidad de acudir a terapia para abordarlo.

4   Coloca o cuelga tu foto (o dibujo hecho a mano) en algún lugar donde la veas con frecuencia, como tu mesilla de noche o cerca de tu ordenador.

5   Cuando en algún momento te sientas culpable por poner límites, mira esta foto. Piensa en las necesidades de este niño y recuérdate que eres la única persona en el mundo capaz de establecer los límites necesarios para protegerlo.

Más sobre el trabajo con el niño interior

A algunos, les resultará relativamente fácil conectar con el niño interior, mientras que a otros tal vez les costará más. Si te cuesta, tómate un descanso para practicar el autocuidado, por ejemplo paseando, dándote un baño o llamando a un amigo. Y también podrías plantearte pedir ayuda a un terapeuta, si crees que esta clase de tratamiento puede ayudarte. Además de la terapia de reeducación, otros modelos terapéuticos, como el de sistemas familiares internos,* se basan en la idea de que puedes curarte dialogando con distintas partes de ti mismo.

---

* N. del T.: La terapia de los sistemas familiares internos (IFS, por sus siglas en inglés), desarrollada por Richard C. Schwartz, considera que la mente humana no es algo unitario, sino que está compuesta por un complejo sistema de partes (que se presentan de diferentes formas, como un niño herido, un padre rígido, un adulto crítico, etc.) que interactúan entre sí.

Escribe una carta de despedida a tus hábitos inútiles

A veces, desprenderse de viejos hábitos es una buena forma de dejar espacio para los nuevos hábitos que quieres adoptar. En este caso, deseas aprender a poner límites, así que querrás liberarte de cualquier viejo comportamiento que te impida hacerlo. En este ejercicio, tu actividad consistirá en despedirte formalmente de cualquier comportamiento que te haga sentir estancado o impotente.

Herramientas:
Papel y bolígrafo
Plato resistente al fuego y un mechero,
o una pala pequeña (opcional)

Pasos:

1   Empieza por reservar unos veinte minutos de tiempo sin interrupciones en un lugar cómodo para escribir tu carta. Este simple paso es un acto de establecimiento de límites.

2   Piensa en un comportamiento del que quieras desprenderte. Puedes nombrarlo directamente o ponerle un apodo. Utiliza tu imaginación. En el papel, escribe cuál es ese patrón de conducta y hazle saber que ha llegado el momento de decir adiós.

3   En la siguiente parte de la carta, justifica por qué actuaste así: ¡tiene sentido si tienes en cuenta tus experiencias vitales! Reconoce que esta conducta puede haberte servido en el pasado, pero que ya no es útil. Permítete sentir cualquier emoción que surja, como ira, tristeza, culpa o pena. Incluso puedes reconocer estas emociones en la carta.

4   A continuación, identifica los pasos que vas a dar para deshacerte de ese hábito o adoptar uno nuevo.

5 Despídete de forma clara y definitiva del antiguo hábito.

6 Respira profundamente y libérate de esta pauta. Después decide qué hacer con la carta. Puedes quemarla de forma segura en un recipiente resistente al fuego, enterrarla en la tierra cercana o romperla y reciclarla. Aquí tienes un ejemplo:

Querido «dudar de mí»:

Me libero de ti porque estoy cansado de sentirme confuso y ansioso. Entiendo por qué entraste en mi vida. Cuando era niño, mis padres siempre me decían que era «demasiado sensible», así que ahora me cuesta confiar en mis sentimientos. Es agotador dudar siempre de mí.

Cuando dudo de mí mismo, no soy capaz de dejar las relaciones o las situaciones aunque me hagan daño, y ya no creo que sean la mejor decisión. Normalmente prefiero permanecer en el terreno en el que me siento cómodo y cuestionarme si de verdad las cosas son tan malas; sin embargo, ahora estoy preparado para tomar otra decisión.

Estoy listo para liberarme de ti. A partir de ahora, cuando aparezcas, pensaré en lo que le diría a mi mejor amigo. ¿Creería que es demasiado sensible por haberse enfadado? ¡No! Ahora me doy ese mismo apoyo.

¡Le digo adiós a dudar de mí!

Tienes opciones

Incluso después de haber dicho adiós a este comportamiento, seguirás teniendo el impulso de actuar así. ¡No pasa nada! Ahora tendrás una idea de cómo hacer una elección diferente. Esta toma de conciencia te permite elegir la nueva acción que te has planteado previamente, en lugar de sentirte atrapado en tu antigua forma de reaccionar.

Segunda parte

Protégete

En la segunda parte, te centrarás en protegerte estableciendo límites sanos. Estos incluyen tanto los límites internos, que garantizan tu seguridad y la de otras personas, como los externos, para protegerte de los demás. Empezarás por honrar tu derecho a proteger tus pensamientos y sueños. También se examinarán las vulneraciones de tu realidad, para que puedas hacerte cargo de ella y protegerte de la manipulación.

Asimismo, establecerás límites para proteger tu tiempo, tu salud, tu cuerpo, tu trabajo y tus finanzas. Esta es la parte del establecimiento de límites que muchos quieren saltarse o atravesar precipitadamente al principio, porque tienen la sensación de que no es la «verdadera razón» por la que están estableciendo límites. Sin embargo, aprender a protegerte es la base de todo el resto del trabajo de establecimiento de límites. No puedes tener relaciones saludables con los demás hasta que aprendas a tener una relación sana contigo. El establecimiento de límites cultiva el amor propio por medio de la práctica de la autoprotección. Esta práctica hace posible que, con el tiempo y de forma natural, dudes cada vez menos de tus necesidades y dejes de quitarles importancia. En esta segunda parte te pido que te des tiempo para escucharte de verdad.

Todo el mundo tiene la necesidad primordial de contar con un espacio para poder reflexionar sobre lo que le sirve y lo que no, que es la manera de llegar a conocer cuáles son sus límites. Por supuesto, en esta fase del proceso de establecimiento de límites, es natural que a veces quieras que otros te digan lo que necesitas hacer para ser feliz. Este libro te ayudará al enseñarte a mirar en tu interior con el fin de que puedas descubrir lo que de verdad te importa.

Capítulo 3

Protege tus pensamientos y creencias

En este capítulo hablaremos del tipo de límites que a menudo se pasan por alto, pero que son esenciales para tu bienestar: los que estableces en torno a conceptos personales importantes como tus pensamientos, creencias, opiniones, percepciones, identidad e intuición. Además, estos límites protegen tus creencias respecto a la religión, la sexualidad y la política.

A menudo lleva tiempo crear y aplicar estos límites, porque afectan a muchas áreas de tu vida. En este capítulo, aprenderás a dejar de cuestionarte tus opiniones, a respetar el derecho de los demás a tener puntos de vista diferentes y a reconocer cualquier factor que afecte negativamente a tu identidad. Asimismo, aprenderás a identificar las señales de que tienes unos límites demasiado porosos en torno a tus pensamientos. Esta información te servirá para realizar la primera serie de ejercicios de este capítulo, que giran en torno a mantener una actitud compasiva mientras reflexionas sobre ti mismo. Los ejercicios restantes están diseñados para ayudarte a entrar en contacto con tu realidad, valorarla y empoderarte ante la manipulación.

Beneficios de los límites en lo referente a los pensamientos y las creencias

Cuando estableces límites sanos en torno a tus pensamientos y creencias, defiendes tus opiniones y perspectivas sin sentirte culpable ni avergonzarte. Pero también tienes la flexibilidad que te permite cambiar de opinión y modificar tus puntos de vista si es necesario. En cierto modo, cuidar de tus límites en este ámbito es como ser jardinero:

- Plantas las semillas de pensamientos que te apoyen, como hiciste en los capítulos uno y dos.
- Practicas la aceptación de tus pensamientos o creencias que son neutros; esto es como preferir la playa o la montaña, o que te guste un tipo de música. Se podría comparar con aceptar el entorno natural de tu jardín, por ejemplo, el paisaje y el clima. Lo que estás haciendo es trabajar *con* tu naturaleza en lugar de contra ella.
- Por último, te ocupas de arrancar las malas hierbas de los pensamientos perjudiciales. Esta es una forma de protegerte a ti mismo y de decidir qué va a crecer en tu jardín y qué no. También puedes deshacerte de las ideas que otros tienen acerca de ti, por ejemplo de sus creencias o expectativas que no solo no te sirven, sino que te perjudican o entorpecen.

Verdades subjetivas frente a verdades objetivas

A medida que vayas construyendo límites sanos en torno a tus pensamientos y creencias, tendrás que aprender a reconocer la diferencia entre verdades subjetivas y objetivas. Esto se pondrá de manifiesto cuando satisfagas tus propias necesidades y respetes las decisiones de los demás.

- La **realidad objetiva** son los hechos, por ejemplo, las palabras literales de alguien o la afirmación de que los seres humanos necesitan dormir para sobrevivir.
- La **realidad subjetiva** son las percepciones, preferencias y sentimientos de cada persona.

Cuando hay diferencias entre las realidades subjetivas de los individuos (quizá relacionadas con el hecho de tener valores fundamentales distintos), ambas partes deben ser fieles a lo que piensan y respetar al mismo tiempo a la otra persona. Cuando surgen diferencias, se pueden mantener unos límites externos e internos sanos teniendo en cuenta el pensamiento dialéctico. (Como recordatorio, el pensamiento dialéctico consiste en reconocer que una o más ideas que parecen opuestas pueden ser ciertas simultáneamente). Este enfoque te permite ser respetuoso y transigir, porque sabes que cada uno tiene derecho a sus creencias y que no tienen por qué coincidir con las tuyas. Una persona con límites sanos no intenta controlar las realidades subjetivas de los demás: esto sería una violación de los límites externos. Por ejemplo, algunas religiones prohíben los tatuajes, comer carne o abortar; otras no. A gran escala, ya sea como país o como familia, es esencial respetar tu derecho a tus propias creencias y, al mismo tiempo, respetar el derecho de los demás a las suyas. Veremos este concepto de forma más detallada en el capítulo ocho.

Superar las dudas sobre ti mismo para aceptar tu identidad

Una persona que aún está aprendiendo a establecer límites suele tener dificultades para conocer y asumir su verdad. Puede sentirse culpable o avergonzada por tener preferencias, pensamientos o creencias diferentes de quienes la rodean. También puede dudar de sí misma y no confiar en sus opiniones, emociones o intuición.

Este patrón de cuestionamiento suele provocar ansiedad. De hecho, un gran número de personas que sufren ansiedad tienen dificultades para confiar en sí mismas. Una vez que aprenden a confiar en sus propias ideas y convicciones, sus sentimientos de ansiedad disminuyen.

La duda sobre uno mismo también puede manifestarse como una actitud de conceder siempre a los demás el beneficio de la duda. Creer a los demás antes que a ti es un signo de límites porosos, porque no puedes priorizar tu autoprotección si das a otros el poder de decidir lo que debes pensar, sentir o hacer. Por supuesto, las relaciones sanas implican escuchar a los demás e integrar sus opiniones en la medida adecuada. Sin embargo, aquí el primer paso es escuchar y confiar en ti, y *luego* explorar lo que la otra persona necesita o quiere. Por ejemplo, si tu pareja te dice que estás a la defensiva, puedes darte cuenta de que estás intentando reafirmarte. No obstante, también podrías plantearte entonces que puedes defender tu postura y, al mismo tiempo, ser más amable con tu pareja. Sin el primer paso, tal vez te sientas culpable por dudar de ella y te apresures a culparte por los problemas de la relación. Esta tendencia te hace más susceptible al *gaslighting*,[*] que es cuando otra persona intenta dominar tus pensamientos y sentimientos.

Los límites te mantienen en contacto contigo mismo

Cuando alguien tiene problemas con los límites de sus pensamientos y creencias, también puede estar «fuera de contacto» con la realidad. Ejemplos habituales de estar fuera de contacto con la realidad son intentar negar lo «quemado» que estás en un trabajo o en una relación. Cuando esto ocurre, quizá te esfuerces por silenciar

---

[*] N. del T.: El *gaslighting* o *luz de gas* es una forma de manipulación psicológica en la cual el abusador intenta que la víctima cuestione su propia percepción, cordura o memoria.

lo que sientes o restarle importancia, por ejemplo pensando: «No es tan grave que tenga que volver a hacer horas extras».

Negarse a aceptar la realidad, o permanecer en una actitud de negación, puede tener muchos efectos perjudiciales para tus relaciones, tus finanzas e incluso tu salud mental y física. Unos límites sanos en torno a la realidad te permiten comprobar y aceptar los hechos aunque sean desagradables o dolorosos, por ejemplo, que una relación es abusiva o que la carrera que elegiste no es la que tú querías. Ignorar tu realidad puede ser una forma de traicionarte y sabotearte. Para protegerte a ti mismo tienes que establecer unos límites que demarquen claramente lo que deseas que sea verdad de lo que es real.

Cómo influyó tu infancia en tus pensamientos y creencias

Las experiencias de tu niñez, tanto positivas como negativas, contribuyeron a conformar tus límites en torno a la realidad. Si tus padres esperaban que tuvieras las mismas creencias que ellos, esta expectativa dificulta tu capacidad para crear y mantener tus propias creencias. Esta situación suele darse con las creencias políticas, culturales o religiosas. Si creciste en una familia con fuertes creencias transmitidas de generación en generación, es posible que te cueste identificar tu auténtico yo de adulto. También podrías sentirte culpable o creer que eres «mala persona» por tener tus propios puntos de vista.

Otro aspecto de la infancia que repercute en el establecimiento de límites en la edad adulta es la autonomía. Los padres que intentan resolverle todos los problemas a su hijo seguramente tienen buenas intenciones, pero lo privan de la oportunidad de aprender a tomar decisiones y confiar en sí mismo. Si creciste con la sensación de que no podías decidir o cometer errores, tal vez ahora te resulte difícil establecer tus propios límites. Quienes han tenido estas vivencias suelen ceder ante los demás.

Los padres que se negaban a admitir errores o esperaban la perfección también influyeron en tu sentido actual de quién eres, tu identidad. La razón es que quizá creas erróneamente que cuando no haces las cosas perfectamente o surgen problemas en tu vida, es que hay algo que está mal en ti. En realidad, todo el mundo tiene defectos —es la naturaleza del ser humano— y los problemas surgen en la vida de cualquier persona simplemente porque está viva.

Por último, crecer en un hogar con alcoholismo, adicción o malos tratos afecta mucho al sentido de la realidad objetiva y subjetiva del niño. En estas familias suele haber mucho secretismo y mucha *luz de gas*; por ejemplo, decirles a los niños que ciertos abusos o violaciones no ocurrieron realmente o no fueron tan graves. Cuando estos niños crecen, suelen cuestionar su sentido de la realidad y es frecuente que no confíen en sí mismos. Sus educadores les dijeron que no podían confiar en lo que veían, oían o sentían, y esto perjudicó la relación que tenían con sus propios puntos de vista e intuición.

Reconocer estas experiencias infantiles no significa atacar, culpar o criticar a tus padres o a tu familia. Más bien, esta reflexión ayuda a comprender por qué a veces te cuesta confiar en ti. Trátate con cariño mientras desarrollas tus límites en torno a tus pensamientos y creencias. En los siguientes ejercicios, trabajarás para cultivar el amor propio, te liberarás de pensamientos inútiles y te respetarás más profundamente.

Deja de dudar y exige lo que de verdad quieres

Tienes derecho a tener tus propias ideas, creencias y exigencias, pero ¿alguna vez has moderado la forma de comunicarlas para que no parezca que «pides demasiado»? Esta actitud te impide establecer límites claros. Con este ejercicio, interrumpirás este patrón habitual recurriendo a tu amor propio.

Herramientas:
Papel y bolígrafo (opcional)

Pasos:

1 Piensa en un límite o necesidad que te cuestiones o al que restes importancia. Podría ser cualquiera que tenga que ver con los demás. Por ejemplo, quizá te preocupe pedirle a tu pareja que pase más tiempo contigo, porque puedes resultarle demasiado «demandante».

2 Imagina que un amigo íntimo o un ser querido te dice que le gustaría plantear esta necesidad, pero se siente inseguro. Esta persona teme estar pidiendo demasiado o ser poco razonable. Tómate un momento para imaginarte esta conversación. (Si te cuesta visualizarla, escríbelo como un diálogo).

3 ¿Cómo le responderías a tu amigo o ser querido? ¿Lo avergonzarías por sus necesidades? ¿O las aceptarías? Piensa en cómo lo animarías y apoyarías.

4 Ahora imagina que te brindas a ti este mismo apoyo. Esto es actuar con amor propio. Recuerda que todas las personas necesitan algo de los demás: es lo natural en un ser humano. No es nada vergonzoso ni tampoco es ninguna señal de debilidad o crueldad el hecho de que los demás satisfagan tus necesidades, deseos o límites.

5 Alienta tu derecho a plantear estas necesidades hablándote de la misma manera en que le hablaste a tu amigo o ser querido para apoyarlo.

Déjate guiar por la intuición para evaluar tus límites

Una vulneración habitual de los límites en torno a los pensamientos y creencias es la idea de que solo debes confiar en lo que es más lógico y práctico. Sin embargo, posees una sabiduría innata: tu intuición. Aprender a escuchar y honrar esa sabiduría inherente es una parte esencial del trabajo con los límites. Solamente tu yo más profundo conoce tus emociones, necesidades, deseos y valores auténticos. Cuando aprendes a escuchar tu verdad se te revelan los límites que necesitas establecer y que solo tú puedes descubrir.

En este ejercicio, te familiarizarás con tu sistema de orientación interno —también conocido como intuición— y, para ello, observarás las señales físicas de tu cuerpo. Tomarte las cosas con más calma y prestar atención a tu cuerpo te proporciona el espacio necesario para escuchar tu intuición. ¿Te has dado cuenta alguna vez de cómo reacciona tu cuerpo cuando algo no te parece bien? Quizá se te haga un nudo en el estómago, se te encoja el corazón o se te cierre la garganta. Por otro lado, ¿qué hace tu cuerpo cuando algo te parece bien? Es posible que inmediatamente respires aliviado o que liberes espontáneamente la tensión muscular. Este sentido visceral de lo que es correcto para ti es innato. Sin embargo, a menudo se nos enseña a subestimar o ignorar nuestra intuición. En cuanto aprendas a escuchar y respetar tu intuición y las sensaciones físicas que la acompañan, descubrirás que prácticamente en todo momento sabes cuáles son los mejores pasos que puedes dar.

Pasos:

1 Siéntate cómodamente y respira hondo varias veces. Imagina que llevas esta respiración a tu intestino. Continúa respirando hacia tus entrañas para mantenerte conectado con tu cuerpo.

2 Piensa ahora en un límite que quieras establecer. Pregúntate: «¿Este límite es bueno para mí?».

3 Sigue respirando mientras prestas atención a las reacciones de tu cuerpo. Si notas que te sientes relajado y abierto, podría ser la forma que tienen tu cuerpo y tu intuición de decirte que sí. Algunas personas sienten o escuchan un «sí» o un «no» en este ejercicio.

4 Acepta la forma en que tu sistema de guía interno se comunique contigo. Es tu verdad. Trata de no negar ninguna respuesta que surja ni restarle importancia. Esta es una reacción habitual, sobre todo si tu intuición te está revelando algo incómodo o desagradable. Esfuérzate por escucharte a ti mismo sin rechazarte. Simplemente permite que la comunicación se produzca, en lugar de pensar que debes actuar.

5 Si tus músculos se tensan, tu corazón se acelera desagradablemente o experimentas un «no», profundiza. ¿Esta reacción se debe a un miedo? Permítete sentir lo que de verdad sientes. También puedes preguntarte: «¿Podría establecer otro límite que me ayudara más?». Permítete ser curioso mientras intuyes un «sí» o un «no». Sigue haciendo preguntas para reunir más información.

6 Después de escuchar a tu cuerpo, quizá estés preparado para establecer ese límite. Pero si no es así, tampoco pasa nada. El simple hecho de conectar más profundamente con tu intuición es un progreso significativo y, como tal, merece la pena celebrarlo.

Haz una lista de las personas que influyeron en tu identidad

A lo largo de tu vida, has recibido mensajes sobre el establecimiento de límites. Algunos probablemente fueron de apoyo, pero otros podrían haber obstaculizado tu capacidad para ser asertivo. Estos mensajes te hacen sentir culpable, mal o avergonzado por tus necesidades y límites. Cuando los identificas de forma consciente, puedes dejarlos a un lado y centrar tu atención en las creencias que te ayudan a salir adelante.

En este ejercicio, pensarás en las personas o grupos que más te influyeron durante tu infancia y los mensajes que te transmitieron. Asegúrate de conservar esta hoja para el siguiente ejercicio.

Herramientas:
Papel y bolígrafo

Pasos:
1   En tu hoja de papel, traza dos columnas. En la de la izquierda, haz una lista de todas las personas y entornos que te influyeron durante tu infancia. Pueden ser tus padres, la iglesia, los profesores y los mentores, entre muchos otros.

2   En la columna de la derecha, escribe los mensajes concretos que esa persona o entorno te transmitió. No te preocupes por justificar o verificar estos puntos; basta con que a ti te *parezcan* correctos. Por ejemplo:

- Mamá siempre lo hacía todo por nosotros. Jamás se sentaba a comer cuando la cena estaba lista, y al final siempre se le enfriaba la comida. Aprendí que si me tomo algo de tiempo para mí, soy una mala madre y una egoísta.

- Mi profesora de arte de séptimo curso elogiaba con frecuencia mis dibujos. Esto me ayudó a tener confianza en mí misma como artista, incluso cuando mis padres me decían que no servía para eso.
- En la iglesia me enseñaron que hay que poner la otra mejilla. Si me maltratan, en lugar de poner límites, debo ser buena y no tenerlo en cuenta.
- Cuando era niña, sufría *bullying* por ser diferente. Ahora creo que debo complacer siempre a todos para que me acepten.
- Papá era rencoroso. Aprendí que es mejor contentar a la gente porque me hace mucho daño que se disgusten conmigo.
- Mi abuela dejó a mi abuelo maltratador cuando yo era niña. Esto me demostró que nunca es demasiado tarde para cuidar de ti misma o vivir la vida que quieres.
- Aprendí que debía ser capaz de hacerlo todo por mí misma porque mis padres dedicaban más tiempo y atención a mis hermanos.
- Mi mamá me animó a cantar y a emplear mi voz. Aprendí que tengo derecho a ser escuchada.

3   Plantéate ahora si alguno de estos mensajes ha influido en tu conciencia de tener derecho a poner límites. Puede que no todos lo hayan hecho, pero fíjate en lo que es válido en tu caso. Aquí tienes algunos ejemplos:

- Cuando me acosaban en el colegio, empecé a pensar que era porque yo tenía algo malo. Menos mal que tengo amigos. Sin embargo, si pongo límites, probablemente me rechacen.

- Aunque sé que mis hermanos tenían más necesidades que yo a nivel físico, en el fondo sigo pensando que no soy tan encantador ni valgo tanto como ellos.

4 Sé comprensivo contigo, como lo haría un amigo o un padre cariñoso, cuando te enfrentes a la cuestión del porqué de tus dificultades para poner límites. ¿Qué le dirías a un amigo si se sintiera avergonzado por dejarse avasallar y tú conocieras las experiencias y los mensajes que acabamos de ver?

Adopta el pensamiento dialéctico

Mientras realizas este ejercicio, recuerda el pensamiento dialéctico. Como vimos anteriormente, el pensamiento dialéctico defiende que dos, o más, ideas que aparentemente se contradicen pueden ser ciertas al mismo tiempo. Es posible que quisieras mucho a una persona y aun así esta te inculcara creencias que ahora te perjudican a la hora de establecer límites como adulto. El propósito de esta lista no es ajustar cuentas con nadie, sino simplemente tomar conciencia de tus creencias actuales.

Deja a un lado los viejos pensamientos e invita a entrar a los nuevos

Un aspecto de la terapia consiste en aclarar qué es lo que te ha hecho daño, ya que esto te permitirá conocer mejor tus opciones. Una vez que sepas qué creencias no te sirven, por ejemplo, puedes establecer límites internos para fomentar otras más útiles. Esta es una característica de muchas modalidades de terapia, como la terapia cognitivo-conductual (TCC),[*] la terapia dialéctico-conductual (TDC)[**] y la desensibilización y reprocesamiento por movimientos oculares (EMDR, por sus siglas en inglés).[***]

En el ejercicio anterior, identificaste los mensajes que han dañado tu capacidad de autoafirmación. Ahora aprovecharás esta toma de conciencia para establecer creencias auténticas que te ayuden a establecer tus límites.

Herramientas:

Tu lista del ejercicio «Haz una lista de personas que influyeron en tu identidad» (página 85)

Papel y bolígrafo

Pasos:

1 Vuelve a la lista de mensajes que recibiste y que interfieren en tu capacidad para mantener tus límites. En una hoja

[*] N. del T.: Es un tratamiento psicológico a corto plazo que ayuda a modificar los pensamientos, sentimientos y comportamientos negativos. La TCC suele usarse para tratar la ansiedad y la depresión.

[**] N. del T.: La TDC parte de un modelo biosocial del trastorno límite y combina técnicas cognitivo-conductuales con aproximaciones zen y budistas basadas en la aceptación de la realidad tal como se presenta.

[***] N. del T.: La EMDR (*Eye Movement Desensitization and Reprocessing*) es una técnica de tratamiento psicológico a través de la que se realiza una desensibilización y un reprocesamiento por medio de movimientos oculares o estimulación bilateral. Este tratamiento ha demostrado su eficacia para superar acontecimientos traumáticos.

de papel, traza cuatro columnas. En la primera, escribe el nombre de cada persona o entorno de tu lista. En la segunda, anota el acontecimiento de la infancia que propició un mensaje sobre los límites. En la tercera, escribe qué mensaje extrajiste de esa situación de la infancia. Deja la última columna en blanco por ahora. Aquí tienes un ejemplo:

Mi madre	*Mamá siempre nos lo hacía todo. Nunca se sentaba a comer cuando la cena estaba lista, y al final siempre se le enfriaba la comida.*	*Aprendí que si me tomo algo de tiempo para mí, soy una mala madre y una egoísta.*	

2 Siéntate en un lugar cómodo con tu lista. Imagínate en la burbuja que vimos en el ejercicio «Visualiza tus límites» (página 28).

3 Pregúntate si las creencias de la tercera columna de tu lista son ciertas para ti. Consulta tu sistema de guía interno —tu instinto y tu intuición— para sentir un «sí» o un «no».

4 Si la creencia se ajusta a lo que realmente piensas, vuelve a escribir este mensaje en la cuarta columna como lo que crees. Un ejemplo es «Creo que tengo derecho a ser escuchada».

5 Si esta creencia no se ajusta a tu verdad, o no es lo que quieres seguir pensando de manera consciente, táchala y pregúntate: «¿Qué quiero creer en su lugar?». Observa qué otras creencias útiles y favorables surgen: confía en que sabes lo que es correcto para ti. Anótalas en la cuarta columna. Por ejemplo, si en la tercera columna has tachado «Tengo que hacerlo todo yo sola», en la cuarta columna puedes escribir «Creo que puedo pedir ayuda y que esto es un signo de fortaleza». Si te sientes bloqueado a la hora de decidir si una creencia es auténtica o no, tómate tu tiempo. Permítete espacio para considerar pensamientos nuevos y más útiles.

6   Cuando tengas en mente una nueva creencia, visualiza que expulsas de tu burbuja la que tenías antes que ya no te sirve. Puedes visualizar esa creencia como un color, humo o lo que te parezca más adecuado.

7   Una vez que la liberación de la vieja creencia te parezca completa, imagínate esa nueva creencia que está fuera de tu burbuja. Podría tener el aspecto de una bola de luz o cualquier otra forma. Recuérdate que tú decides no solo lo que mantienes *fuera* de tu burbuja, sino también lo que permites que *entre* en ella. Visualiza cómo atraes esta nueva creencia a tu burbuja y a tu realidad, o utiliza un movimiento físico como hacer señas lentamente con los brazos o atraer energía desde el cielo.

8   ¿Cómo te sientes física y emocionalmente cuando has permitido la entrada de tu nueva creencia más favorable? Observa que puedes sentirte más ligero o aliviado.

9   Practica este ejercicio con cada creencia que no te ayude y con cada creencia más útil que hayas identificado.

Practica, practica, practica

No creas que tener que repetir esta práctica una y otra vez sea un fracaso. Se necesita mucho tiempo y un esfuerzo consciente para permitir que los pensamientos nuevos y más favorables se vuelvan automáticos. Si vuelve a surgir una creencia antigua y que no te sirva, recuerda que puedes elegir qué sistemas de creencias alimentas y cultivas. Expulsa esta creencia de tu burbuja tantas veces como sea necesario. Sigue practicando, merece la pena.

Verifica la información que lees en las redes

Cada día te llega una enorme cantidad de información a través de diversos medios de comunicación. Cuando tienes límites seguros en torno a la realidad, eres consciente de lo que es un hecho y de lo que está manipulado, es falso o no es real. Este proceso protege tu salud mental y física de los mensajes publicitarios exagerados y de la información que manipula tus emociones. En este ejercicio, practicarás el establecimiento de estos límites.

Herramientas:
Dispositivo electrónico con acceso a una plataforma de redes sociales

Pasos:

1   Investiga en las redes sociales sobre algún tema que te interese relacionado con la salud mental, física o de pareja.

2   Busca una publicación en la que aparezca una estadística o consejo que te llame la atención.

3   Busca pistas sobre la procedencia de esta información, como un enlace a un artículo o a un libro. Si no hay ninguna fuente, copia la información en un buscador para ver qué resultados y fuentes aparecen.

4   Intenta confirmar la validez de esta información a través de múltiples fuentes independientes y acreditadas, limitando al mismo tiempo las posibles campañas de desinformación o las afirmaciones exageradas de *marketing*.

Ejemplo:
Busqué TDAH en Instagram y encontré un *post* que decía: «Entre el cincuenta y el setenta y cinco por ciento de las mujeres con TDAH

no están diagnosticadas». Luego fui al sitio web mencionado, que cita un artículo de la revista *ADDitude*. En este artículo, se menciona una encuesta en la que el ochenta y cinco por ciento de los profesores y más del cincuenta por ciento del público creen que las chicas tienen más probabilidades de no ser diagnosticadas de TDAH. A continuación, busqué los nombres de las investigadoras mencionadas en el artículo, Patricia Quinn, médico, y la doctora Sharon Wigal, en *Google Scholar*. En el resumen de la revista, se ofrecen las mismas cifras relacionadas con la *sensación* que tiene la gente de que a las chicas no se les diagnostica el TDAH. Sin embargo, esto no proporciona un dato objetivo que avale que «entre el cincuenta y el setenta y cinco por ciento de las mujeres con TDAH no están diagnosticadas». En realidad, la publicación en las redes sociales hace referencia a la encuesta, y no a una verdadera investigación.

Evita hacer suposiciones sobre las acciones de los demás

Cuando tienes límites sanos en torno a tus pensamientos y creencias, puedes diferenciar los hechos, o la realidad objetiva, de las verdades subjetivas. Cuando algo es una verdad objetiva, hay que aceptarlo. Sin embargo, cuando hay verdades subjetivas en juego, es importante practicar la aceptación de tus propios puntos de vista, respetando al mismo tiempo los de los demás.

La realidad subjetiva pone de relieve que, aunque observes lo que hacen o dicen los demás, no siempre conoces sus intenciones. Muchos intentamos adivinar las intenciones de otros o hacer suposiciones sobre sus acciones cuando no conocemos lo que realmente piensan. Aunque este intento de comprender a los demás sin comunicarnos con ellos es totalmente comprensible, también perjudica a las relaciones. Solo podemos conocer realmente lo que de verdad piensa o siente alguien preguntándole y escuchando sus respuestas. Con esta práctica, pasarás de este impulso natural de asumir las realidades subjetivas ajenas a ser más curioso y abierto de mente. Este ejercicio te permitirá cultivar límites externos sanos en torno a las realidades subjetivas de otros para proteger tus relaciones. Te servirá para reforzar tu propia seguridad y la de los demás respetando las verdades subjetivas ajenas y las tuyas propias.

Pasos:

1   Piensa en un momento en el que las acciones de alguien te hayan molestado y no conocieras sus intenciones. Por ejemplo, supongamos que tu cónyuge se alejó cuando estabas hablando con él o ella. Viste como se alejaba de ti; ese es un hecho objetivo. Pero no sabes por qué lo hizo: esa es la parte subjetiva.

2 ¿Te das cuenta de que asignas un significado a sus acciones? Por ejemplo, podrías pensar que se fue intencionadamente porque estaba molesto o no quería hablar contigo. Pregúntate cómo se ve afectada una relación cuando tratas de interpretar las intenciones de los demás.

3 Intenta despejar tu mente de interpretaciones. Una de las maneras en que podrías hacerlo es practicando el mindfulness, por ejemplo concentrándote en tu respiración.

4 Si se trata de una relación íntima, quizá quieras ir un paso más allá y comunicarle tus interpretaciones o sentimientos, además de pedirle que te explique mejor lo que hace y lo que piensa. Asegúrate de aceptar su respuesta: tiene derecho a interpretar sus acciones a su manera. Por ejemplo, podrías decir: «He visto que esta noche has salido de la habitación cuando te estaba hablando. Al principio me preocupó haberte disgustado, pero quería hablar contigo en lugar de asumir que era por eso. Dime por qué te marchaste cuando te estaba hablando». Si te responde que estaba distraído (en lugar de disgustado), dile que comprendes que se quedara absorto en sus pensamientos.

Respetar los diferentes puntos de vista

La realidad subjetiva también implica que todos tenemos derecho a sostener opiniones diferentes. Tú tienes derecho a pensar como piensas y los demás tienen este mismo derecho. Las relaciones sanas implican el derecho a entablar un diálogo abierto y respetuoso que pueda influir en los puntos de vista ajenos, respetando al mismo tiempo las diferencias de cada uno. Intentar convencer a alguien de que piense como tú es una vulneración de los límites externos.

Pon límites al *gaslighting*

Hacer luz de gas consiste en manipular verdades objetivas mediante diversas tácticas para inducir a la confusión. Por ejemplo, alguien puede decirte que lo que ves, oyes, sientes o sabes no es verdad. Tal vez te diga «yo nunca dije eso» o «eso jamás ocurrió». También podría burlarse y decir que estás «loco» o acusarte a ti de hacer lo que sabes que esa persona *está haciendo*, como por ejemplo ser infiel. Tampoco es raro que te salga con que eres demasiado sensible y que solo estaba bromeando.

En este ejercicio encontrarás cuatro pasos para enfrentarte a la *luz de gas*. Ten en cuenta que se necesita tiempo para ver la situación con claridad cuando estás sufriendo este tipo de manipulación, pero aquí aprenderás información clave.

Pasos:

1 Confía en tu instinto. A menudo sentirás cuándo alguien te está manipulando. Escucha a tu cuerpo y confía en ti mismo. Esta es tu mayor baza.

2 Reconoce lo que sientes, pero no intentes hacérselo entender a otros. Acuérdate de que mereces tener unos límites sanos en torno a lo que sientes. Tú eres el experto en tu cuerpo, mente y corazón. Cuando te hacen luz de gas, existe una tendencia natural a querer convencer a la otra persona de lo que para ti claramente es verdad. Sin embargo, empeñarte en que te entiendan o estén de acuerdo contigo es una vulneración de los límites internos y externos. Con unos límites sanos en torno a la realidad, aceptas que tienes derecho a tu verdad y no necesitas defenderte ni justificarte. Si alguien no te cree, no te cree.

3 Protégete. En lugar de intentar convencer al otro de que lo que dices es verdad, centra tu energía en protegerte a ti mismo. Puedes hacerlo de varias maneras, por ejemplo:

- Aléjate de esa persona durante un tiempo.
- Practica la respiración profunda.
- Escribe un diario para reafirmar lo que sientes. Escribe lo que sabes que es verdad.
- Plantéate qué opciones tienes.
- Imagínate en una burbuja, como se describe en el ejercicio «Visualiza tus límites» (página 28). Ahora visualízate empujando las manipulaciones de la otra persona fuera de tu burbuja.
- Establece verbalmente límites al *gaslighting*; por ejemplo, diciendo:
    * «Tú tienes tu punto de vista y yo el mío. Espero que puedas respetar estas diferencias».
    * «Estás tratando de imponer tu versión de los hechos».
    * «Voy a confiar en mí y ver qué opciones tengo».

4 Felicítate. Conforme más actúes de acuerdo con tu sensación de estar siendo víctima de *gaslighting* y mejores resultados consigas, más confirmarás la sabiduría de tu instinto.

¿Qué es el *gaslighting* médico?

Cuando un profesional médico minimiza o niega el conocimiento de un paciente de que algo va mal, estamos hablando de *gaslighting* médico. Puede decir que el dolor del paciente es imaginario o que no tiene ninguna base. Las investigaciones demuestran que esto les ocurre más a las mujeres y a las personas de color. Confía en ti, encuentra un médico que te escuche de verdad y no dejes de contar tu experiencia.

Evita la catastrofización

La terapia cognitivo-conductual (TCC) es un tipo de terapia muy eficaz y ampliamente utilizada. Un componente fundamental de la TCC es el concepto de que los pensamientos de una persona suelen empeorar sus problemas. Una de las formas en que esto puede ocurrir al desarrollar límites es la llamada *catastrofización*, que consiste en imaginar el peor desenlace posible de una situación como probable o altamente probable. Cuando piensas así, es comprensible que te resistas a establecer los límites que necesitas, porque exageras lo mal que va a ir la interacción con alguien si lo haces. Cuando catastrofizas, puedes temer estropear la relación o que dejen de quererte por poner límites, por ejemplo. En este ejercicio, empezarás a gestionar el pensamiento catastrofista para que te ayude a reafirmarte.

Herramientas:

Papel y bolígrafo

Pasos:

1 ¿Qué límite te pone nervioso establecer y con quién? Escríbelo en el centro de un círculo en el papel. Dibuja líneas rectas que salgan del círculo.

2 ¿Qué temes que pueda ocurrir si fijas ese límite? Escribe tus respuestas al final de las líneas que has trazado a partir de tu círculo. Por ejemplo, podrías temer que la persona se enfadara contigo o empezaras a caerle mal. No prejuzgues tus pensamientos; simplemente escribe lo primero que se te ocurra.

3 ¿Cómo te hace sentir este tipo de pensamiento catastrofista? Por ejemplo, puedes sentirte ansioso, estresado o culpable.

Escribe tus respuestas en los espacios en blanco alrededor del círculo y las líneas. Pregúntate: «Cuando pienso de este modo catastrófico, ¿es más o menos probable que ponga mis límites?». Es comprensible que estés menos dispuesto a imponerte.

4   Ahora dale la vuelta a la página y, en la mitad superior, enumera todos los posibles resultados de establecer este límite pensando en la persona. Realiza una lluvia de ideas. Asegúrate de considerar opciones neutras.

5   Repasa esta lista de posibles resultados de establecer tu límite. ¿Has pensado en lo mejor que podría ocurrir? Si no es así, añádelo a la lista. Permítete sentirte esperanzado o entusiasmado ante la posibilidad de que el establecimiento de tus límites salga bien: ¡ese también es un resultado posible!

6   En la mitad inferior del dorso, haz una lluvia de ideas sobre cómo te las arreglarías si de verdad ocurriera lo peor al establecer tu límite. Recuerda que ya has sobrevivido a situaciones difíciles. Si ocurriera lo peor, también podrías sobrevivir. (Si necesitas consejos para autocalmarte, lee el capítulo cinco). Recuerda también que cuando estableces un límite, descubres lo segura o insegura que es una persona para ti a nivel emocional. Por ejemplo:

• Si tu límite es rechazado, te darás cuenta de que, después de todo, esa persona no es de fiar. Sé consciente de que puedes hacer frente a esta decepción y de que, en última instancia, darte cuenta es un regalo.

• Si se enfada contigo, ten en cuenta que antes te has enfadado con gente que te importa y la relación ha continuado.

7   Revisa tus posibles resultados y recuérdate repetidamente que el peor de los casos no es el resultado más probable.

Prepárate

No olvides que puedes prepararte para que la conversación sobre el establecimiento de límites salga bien. Escribe de antemano en un diario lo que piensas decir para ser amable y respetuoso. O bien ensaya la conversación con un amigo. Si necesitas ayuda con la comunicación asertiva, consulta los capítulos ocho y nueve.

Practica la aceptación radical

En la vida hay cosas que es posible cambiar o sobre las que tienes alguna influencia, pero hay otras sobre las que no puedes hacer nada. Con frecuencia, el motivo de que la gente acuda a terapia es que se siente ansiosa, deprimida o estancada por tratar de cambiar cosas o personas que no pueden cambiar. Tal vez, a primera vista, te dé la impresión de que este no es un problema de límites, pero lo es, porque cuando tienes límites sanos, aceptas que no está en tus manos cambiar a los demás. En esta actividad, practicarás una habilidad inestimable que te ayudará a aceptar la realidad de forma segura para ti y para otros: la aceptación radical, que consiste en aceptar plenamente la realidad tal como es. La frase «es lo que hay» representa la aceptación radical en acción. Se trata de una habilidad que puede cambiarte la vida; sin embargo, es muy difícil de practicar, especialmente en las relaciones.

Herramientas:
Papel y bolígrafo

Pasos:
1 Dedica unos momentos a escribir qué aspectos de tu vida quieres cambiar. La mayoría de la gente desea curar una herida, cambiar un hábito o mejorar una relación.

2 Si lo que quieres es mejorar una relación, especifica de qué manera. Por ejemplo, quizá aspires a que tu madre te critique menos o que tu amigo sea más considerado contigo.

3 Repasa tu lista y subraya todas las situaciones sobre las que tienes pleno control a la hora de hacer cambios. Pueden ser asuntos como encontrar un nuevo trabajo, volver a estudiar o aprender a ser asertivo.

4 Ahora rodea con un círculo cualquier elemento de tu lista que implique acciones de otros. Por ejemplo, si quieres que tu madre sea menos crítica, tendrá que comprometerse a mejorar. Respira hondo y recuerda que tienes el derecho y la responsabilidad de afirmar tus necesidades y límites con claridad y amabilidad, pero no puedes decidir si otras personas cambiarán o no.

5 Para adquirir experiencia con la aceptación radical, practica esta habilidad en momentos menos estresantes. Ponte un recordatorio en tu móvil o en tu agenda para «practicar la aceptación radical» todos los días de esta semana a una hora concreta. Elige un momento del día en el que tengas un descanso y puedas pensar tranquilamente durante unos minutos. Cuando veas este recordatorio, tenlo presente para trabajar en la aceptación de lo que no puedes cambiar ni controlar. Si te encuentras con tráfico o tienes que hacer cola para comer, tu impulso natural y comprensible podría ser disgustarte, pero no puedes controlar estas situaciones. Si te alteras, solo aumentarás tu sufrimiento. Cuando surjan este tipo de oportunidades para *aceptar radicalmente* la realidad, respira hondo y repite: «Esto es lo que hay». Luego plantéate qué opciones tienes en ese momento. Si estás atrapado en un atasco, quizá puedas sacarle partido escuchando algún pódcast que te guste, por ejemplo.

Cada uno toma sus propias decisiones

Al principio del proceso de establecimiento de límites, la gente suele creer que la recompensa por ser valiente y claro es la aceptación automática del cambio por parte del otro. Sin embargo, los demás tienen derecho a decidir lo que les sirve y lo que no, igual que tú. Es importante practicar la aceptación radical de su elección.

Controla el perfeccionismo

Si mantienes unos límites sanos podrás disfrutar de una relación sana contigo mismo, ya que serás capaz de poner límites a los pensamientos o acciones que te perjudican. Sin embargo, hay una forma habitual de transgredir estos límites: el perfeccionismo. En esta actividad, marcarás límites a cualquier pauta de perfeccionismo que tengas para evitar expectativas poco realistas y poder disfrutar de una relación contigo mismo basada en el amor. Al alejar tus pensamientos de la perfección y dirigirlos hacia el aprendizaje y el descubrimiento, estableces un límite que puede ayudarte a centrarte en cualquier cambio y mejora positivos.

Herramientas:

Foto(s) de un referente o ídolo; pueden ser
recortadas de revistas o digitales
Papel, cartulina o tablón virtual como Pinterest
Utensilios de escritura

Pasos:

1 Identifica a tu referente o ídolo. Puede ser alguien que conozcas, como tus padres, o deportistas, autores o cantantes famosos. Si es posible, busca fotos de estas personas y crea un *collage* en papel o digital.

2 ¿Cuáles son las cualidades que admiras de ellos? Dedica un momento a honrar sus increíbles cualidades y escríbelas cerca de su foto.

3 Ahora dedica un momento a considerar sus defectos, problemas o dificultades. Puede que te resulte fácil identificarlos o tal vez te supongan un reto. Si piensas que son «perfectos», ten en cuenta que esta idea no se basa en la realidad

objetiva. Todos los seres humanos somos imperfectos. Puedes admirar a un cantante por ser valiente, creativo y rico, pero darte cuenta de que también ha lidiado con problemas de salud mental. Por supuesto, no debes juzgar negativamente estos defectos o dificultades; la cuestión es que te des cuenta de que nadie tiene una vida «perfecta». Añade estas notas cerca de la foto de tu referente junto a sus otras cualidades. También puedes incluir palabras, frases o citas que representen los puntos fuertes y las dificultades de tu modelo de conducta para recordarte que es humano. Esto ayuda a poner límites a las ideas de que algunas personas, especialmente las que admiras, son «perfectas» o nunca tienen problemas.

4 Practica la aceptación radical de que eres perfectamente imperfecto, como lo es cualquier otro ser humano. Date cuenta de que el perfeccionismo es una distorsión de la realidad, ya que ninguna persona es capaz de ser perfecta.

5 Mientras trabajas en aceptar que la perfección es una mentira, podrás poner límites a la sensación de fracaso. Pasa de pensar en lo que has fracasado a pensar en lo que estás descubriendo. Aprender lo que funciona, y lo que no, es una información importante que te ayudará a alcanzar tus objetivos. Celebra cualquier progreso. También puedes reconocer por qué no has «progresado» todavía. Tal vez te sientas abrumado o asustado. No te juzgues; simplemente date cuenta.

Capítulo 4

Protege tu tiempo

El tiempo es tu recurso más preciado, por eso los límites que estableces en torno a él son de los más importantes de tu vida. Cuando estableces conscientemente estos límites, tu día a día se convierte en un reflejo de tus valores y prioridades. Tus rutinas y horarios se ajustan a tus verdaderos deseos y, así, te permiten vivir con coherencia e integridad.

Hoy en día, mucha gente vive agobiada, estresada y exhausta por las obligaciones. Sin embargo, cuando se dan cuenta de que necesitan fijar unos límites y los establecen, les invade una sensación de culpa, porque se sienten obligados a cumplir con sus numerosas responsabilidades. La cuestión es que, por muy comprensible que sea el hecho de que te cueste poner límites, te sentirás mucho mejor cuando lo hagas. Poner límites respecto a tu tiempo te ayuda a asumir tus responsabilidades y tu ocio. Todos tenemos obligaciones, pero también merecemos disfrutar de tiempo libre para relajarnos y recargarnos.

Este capítulo te ayudará a entender en qué se te va el tiempo, a ponerle límites a tu disponibilidad y a establecer y comunicar límites en torno a tu tiempo.

Deja de posponer tu felicidad

El tiempo es una de las pocas cosas de la vida que no es posible comprar ni negociar. Sin embargo, en una sociedad que alaba la productividad y el hacer todo lo posible, el hecho de rechazar peticiones, invitaciones y obligaciones requiere un verdadero esfuerzo y además puede llegar a aislarnos. Lo que ocurre es que con esa agenda repleta estás sacrificando tu salud y tu felicidad. Tal vez quieras hacer X o Z para mejorar tu bienestar, pero no puedes porque estás «muy ocupado». ¿Te imaginas un futuro en el que tengas tiempo para hacer todo lo que quieras y ser feliz? Ha llegado el momento de dejar de aplazar ese día: puedes hacerlo realidad ahora mismo con solo poner límites.

Fijar unos límites en torno a tu horario te proporciona, en última instancia, más paz y más tiempo. Cuando tienes límites saludables en torno a tu tiempo, puedes elegir cómo pasar tus días de acuerdo con tus valores, objetivos, energía o estado de ánimo, en lugar de procrastinar o asistir a actividades a las que realmente no quieres ir.

Desafiar las creencias predominantes sobre el tiempo

Establecer límites en torno a tu tiempo es complejo, porque también debes desafiar viejas creencias arraigadas en tu vida personal y profesional. Por ejemplo, tal vez creas que rechazar una petición es una señal de pereza o de mala educación. Podrías tener problemas con los límites en torno a tu tiempo si durante tu infancia tenías excesivamente controlado o estructurado tu horario. Es posible que de niño te enseñaran la importancia de sacrificar todo tu tiempo, dinero y energía, y esto te haría sentir culpable a la hora de establecer límites más adelante en la vida. O quizá ahora seas un padre o una madre que se siente mal por querer disponer de unos momentos para sí mismo. Algunas de estas creencias están profundamente arraigadas en diversas culturas, lo que añade otra dificultad al desarrollo de estos límites.

El entorno laboral es otro ámbito que tiene expectativas rígidas sobre tu tiempo. Aunque los directivos suelen hablar de conciliación de la vida laboral y familiar, muchos lo dicen solo de boquilla. A veces los jefes defienden el derecho de los empleados a disfrutar del tiempo libre, pero luego esperan que estén disponibles en todo momento. O es posible que ofrezcan una ayuda totalmente contraproducente, como exigir a los trabajadores que dediquen un tiempo precioso a asistir a un taller sobre cómo prevenir el *burnout*.* El *burnout* y el «presumir» de trabajar más de cuarenta horas a la semana son hechos habituales en las empresas y hasta se celebran. Teniendo en cuenta estas contradicciones tan comunes, es comprensible que muchos teman establecer límites con el trabajo porque les preocupa que su carrera se resienta por ello.

La verdad es que los límites son vitales para tu salud y tu bienestar. Tanto si el límite en torno a tu tiempo se refiere a las relaciones personales, a la crianza de los hijos o a tu trabajo, merece la pena establecerlos, aunque vaya en contra de las normas de la sociedad. *No* poner límites en este ámbito puede conducir fácilmente al agotamiento y a problemas de salud mental o física.

Recuerda que, además de la obligación de cumplir con tus responsabilidades, tienes el derecho a disfrutar al máximo de la vida.

¿Puedes «tenerlo todo»?

El concepto de «tenerlo todo» es muy controvertido. Hay quien dice que no se puede, mientras que otros insisten en que es posible. El problema clave en este debate es pensar en términos de «todo o

---

* N. del T.: *Burnout,* también llamado *síndrome de desgaste profesional* o *síndrome de estar quemado,* es la respuesta que da un trabajador cuando percibe la diferencia existente entre sus propios ideales y la realidad de su vida laboral.

nada», es decir, que si no puedes hacer todo lo que quieres, eres un fracasado. Esta forma de pensar está muy extendida, pero no sirve, ya que suele mantener a la gente estancada y confusa.

Por el contrario, la verdad tiene más matices: es posible vivir muchas experiencias, pero no todas a la vez. Por ejemplo, no puedes ser nómada digital y, al mismo tiempo, echar raíces profundas y duraderas en una comunidad. No puedes gozar simultáneamente de la libertad de no tener hijos y de la rica experiencia emocional de ser padre. La vida ofrece infinidad de experiencias ricas, diversas y contradictorias: ¡vive plenamente la que sea importante para ti en este momento! Tus prioridades tal vez cambien con el tiempo, y eso te permitirá pasar a una nueva experiencia. Podrás tener en cada momento lo que más te importe y vivir una vida rica y satisfactoria de la que te sientas orgulloso dando prioridad a tus valores. Esto se consigue estableciendo límites en torno a tu tiempo.

Priorizar el tiempo en función de tus valores

Cuando estás conectado con tus valores, vives de una manera que propicia la paz, la alegría y el orgullo auténticos. Los valores son las prioridades de tu vida, es decir, lo que te permite vivir con sentido. Tus valores, como tus límites, son personales y únicos, y podrían incluir ámbitos como la familia, la salud, la diversión o el medioambiente.

Es más sencillo priorizar tu tiempo cuando «programas» tus valores, ya que estos señalan dónde y cómo pasar tus días. En este capítulo examinaremos tus valores para que puedas empezar a ponerlos en primer plano cuando te plantees cómo emplear tu tiempo. A partir de ahí, podrás elaborar un horario realista para ti, aprender a decir no con delicadeza y disfrutar verdaderamente del momento presente.

Desafía la suposición de «no tengo tiempo»

A cada persona se le asigna la misma cantidad de tiempo al día. Si no estableces límites en torno a ese tiempo finito, es comprensible que te sientas como si no lo tuvieras, porque se te escapa haciendo cosas que no quieres hacer. Los límites actúan como un contenedor resistente para tu tiempo. Sin ellos, podría parecer que tu tiempo se derrama por todas partes como si estuviera en un cubo lleno de agujeros. Esta es una forma estresante de vivir, porque puede parecer que siempre estás desbordado y agotado. Cuando te planteas establecer límites en torno al tiempo, una respuesta automática habitual es «no tengo tiempo». Es una respuesta muy frecuente cuando alguien quiere dedicar tiempo a algo divertido, como salir con los amigos. En realidad, decir «no tengo tiempo» es una señal inequívoca de que necesitas poner límites. Con esta actividad, desafiarás esta idea haciendo un seguimiento de las horas que pasas frente a las pantallas.

La información que recabes te ayudará a reorganizar tu tiempo y a reducir el estrés y la presión sobre tu agenda.

Herramientas:

Dispositivos electrónicos que utilices con frecuencia (tu *smartphone*, tableta, ordenador portátil, televisor, etc.)

Aplicación preferida que controle tu tiempo de uso, como Clockify para tu ordenador y App Usage para tu móvil

Papel y bolígrafo o un bloc de notas digital

Pasos:

1   Descárgate aplicaciones para hacer un seguimiento de tu uso de cada dispositivo electrónico que utilices. Realizarás un seguimiento tanto de tu uso personal como laboral de

111

estos dispositivos para saber cuánto tiempo total dedicas a tus aparatos electrónicos. Algunas aplicaciones funcionarán automáticamente en segundo plano para registrar tu uso; otras tendrás que abrirlas cuando quieras emplearlas. Comprométete a utilizar estas aplicaciones durante los próximos siete días.

2 En el caso de los aparatos de los que no puedas hacer un seguimiento electrónico (por ejemplo, si tienes un televisor antiguo), anota en un papel o en tu móvil el tiempo que pasas utilizándolos durante siete días. Simplemente apunta el día y cuántos minutos u horas usaste el aparato.

3 Al final de los siete días, reúne los totales en un solo documento, en un papel o en tu móvil. Por ejemplo, escribe que has pasado diez horas viendo la tele, diez horas en esta aplicación, ocho horas en otra aplicación, cincuenta horas en el ordenador del trabajo, etc. Haz un cálculo aproximado cuando sea necesario: el objetivo no es llevar una contabilidad perfecta.

4 Plantéate si alguna de estas actividades o aplicaciones puede ser un «vampiro de tiempo» que ha estado drenando tu recurso más preciado sin que te dieras cuenta. Señala con un asterisco las categorías en torno a las que quieras hacer un cambio.

5 Decide qué límite o cambio vas a aplicar a tus dispositivos electrónicos, si los utilizas. Por ejemplo, un pequeño paso podría ser dedicar a una aplicación treinta minutos menos la semana que viene, mientras que un paso drástico sería eliminar por completo una aplicación de tu teléfono. Puedes optar por no cambiar en absoluto el uso que haces del ordenador en el trabajo. Nota: No es necesario que actúes si no estás preparado, basta con que seas consciente y reflexiones.

No juzgues

Procura abstenerte de juzgar el tiempo que pasas frente a la pantalla o tus actividades. No tienes por qué avergonzarte de eso ni es necesario que expliques o justifiques por qué utilizas un dispositivo o una aplicación. Mantén la mente abierta y sé comprensivo y utiliza este ejercicio únicamente como una experiencia de aprendizaje.

Identifica tus valores

Cuando se pregunta a alguien por sus valores, la gente suele enumerar las cosas que cree que «debería» valorar. Sin embargo, es posible que esos no sean realmente tus valores principales, y no pasa nada por ello. En este ejercicio, identificarás tus verdaderos valores personales para que puedas empezar a planificar tu tiempo en torno a esos valores y establecer límites para protegerlos.

Herramientas:

La visualización de tu yo futuro del ejercicio «Escribe la historia de tu futuro yo», página 54 (opcional)
Tu palabra ancla del ejercicio «Construye la esperanza con una palabra ancla», página 57 (opcional)
Notas adhesivas
Papel y bolígrafo

Pasos:

1 Haz una lista de tus valores auténticos en un papel. Para ayudarte a generar ideas, prueba estas sugerencias:

- Piensa en cuando imaginaste tu futuro: ¿a qué le dabas prioridad? Estas prioridades proporcionan información sobre tus valores. Puede que valores la aventura si te ves viajando, por ejemplo.

- Piensa en tu palabra ancla. Puede poner de relieve uno de tus valores, aunque aún no lo vivas plenamente. Si eliges paz, por ejemplo, quizá valores la estabilidad emocional o las relaciones sanas.

- Imagina que tuvieras más espacio en tu agenda. ¿Qué harías con él? Tu respuesta podría poner de relieve un valor. Si quieres más tiempo sin estructura, quizá valores la libertad. O si te ves cocinando, puede que valores la salud o la creatividad. Fíjate en qué resuena como si fuera uno de tus valores.

2 Reduce la lista a tus tres o cinco valores principales. Escribe cada palabra en una nota adhesiva y cuélgalas en algún lugar visible para recordarlas todos los días.

Detecta las áreas en que tu horario no encaja con tus valores

Sentirse culpable es señal de que algo no está en consonancia entre tus acciones y tus valores. Identificar la raíz de ese desequilibrio te permitirá hacer ajustes para abordarlo. Mucha gente se siente culpable por su horario y por cómo emplea su tiempo.

En esta actividad, identificarás un área de tu horario en la que tus valores y acciones quizá no concuerden. Mientras examinas ese desequilibrio, sé comprensivo contigo. No se trata de una vergüenza ni una debilidad: todos experimentamos cierto desajuste de vez en cuando. Al contrario, por el hecho de hacerte consciente de esos desequilibrios para poder abordarlos, muestras una gran fortaleza.

Herramientas:
Papel y bolígrafo

Pasos:

1 Piensa en tu agenda diaria. ¿Hay acontecimientos o momentos que te hacen sentir culpable? Si es así, puede que estén infringiendo tus valores. Escribe lo que se te ocurra: esa es la respuesta correcta que debes analizar en este momento. Por ejemplo:
   - Puede que valores mucho a tu familia y, sin embargo, notes que por la noche estás tan agotada de intentar cumplir todas tus exigencias que te desconectas mirando el móvil en lugar de hablar con tus hijos.
   - Puede que valores la salud mental, pero que llenes tanto tu agenda que te sientas aturdido y te olvides de cuidarte.

2 Una vez que tengas claro un área de tu vida en la que estás transgrediendo tus propios valores, inspira y espira

profundamente varias veces. Hace falta mucho valor para darte cuenta de en qué aspectos estás tomando decisiones que no están en consonancia con tus valores genuinos, así que felicítate por este progreso. El siguiente ejercicio puede ayudarte a llevar a cabo los cambios necesarios para alinear mejor tu horario con tus valores.

Crea una rutina en consonancia con tus valores

Establecer límites en torno a tu tiempo implica no solo a qué quieres decir que no, sino también a qué quieres decir que sí. Cada vez que estableces límites en torno a tu tiempo, estás diciendo sí a crear más de la realidad futura que deseas.

En la actividad anterior reflexionaste sobre las veces que haces algo que no está en sintonía con tus valores. Ahora empezarás a aplicar cambios para crear una rutina auténtica.

Herramientas:

Tu lista del ejercicio «Detecta las áreas en que tu horario no encaja con tus valores», página 116

Papel y bolígrafo

Pasos:

1 Utiliza tu intuición y haz una lluvia de ideas sobre algunos ligeros cambios que quieras introducir en tu horario, especialmente en lo que se refiere a cualquier valor que actualmente no estés respetando lo suficiente.

2 Da pequeños pasos: es infinitamente más valiosa una nueva rutina de cinco minutos que puedas mantener que un cambio sustancial que no seas capaz de mantener a la larga. Mediante pequeñas modificaciones sucesivas podrás transformar tu vida entera.

3 Describe qué límites internos y externos necesitarías para poner en práctica estos cambios. Tal vez tengas que decirle a tu pareja que verás menos la tele por la noche para acostarte antes (externo). O quizá necesites establecer límites internos; por ejemplo, no consultar los correos electrónicos del trabajo después de cenar y, en lugar de eso, dar un paseo.

4   Ahora decide si tienes que comunicarle este pequeño cambio en tu horario a alguien más. Si quieres dedicar más tiempo a lavarte la cara por la noche, le podrías decir a tu pareja que eso es lo que has decidido hacer a partir de ahora. O si quieres dejar de llamar a tu madre de camino a casa desde el trabajo porque te hace falta tener unos momentos de tranquilidad, comunícale este cambio. Haz una lista de las personas con las que necesitas ponerte en contacto.

5   Reflexiona ahora sobre lo que necesitas o lo que deseas decir. No estás pidiendo permiso (eso sería un límite poroso), sino compartiendo tus objetivos y cambios como cortesía hacia ellos. Si precisas ayuda para reafirmarte, lee o repasa los capítulos ocho y nueve.

6   Incorpora uno, algunos o todos estos pequeños cambios a tu horario, dependiendo de tu nivel de comodidad.

La consciencia es el primer paso

Desarrollar un horario para proteger tus valores puede resultar intimidatorio o abrumador al principio. Es perfectamente comprensible. Si aún no te sientes cómodo realizando ningún cambio, ten paciencia y vuelve a intentarlo dentro de una semana o dos. Durante ese tiempo, recuérdate a ti mismo que si tu horario se ajusta a tus valores, es más probable que te sientas feliz, tranquilo y realizado. Tomar conciencia de esta verdad te ayudará a aceptarla poco a poco.

Desactiva las notificaciones del teléfono

Con los *smartphones*, parece que todo el mundo puede ponerse en contacto contigo y disponer de tu tiempo en cualquier momento. Todas esas notificaciones, zumbidos y señales acústicas que reclaman tu atención generan estrés. Además, las notificaciones interrumpen tu capacidad para centrarte en tus prioridades. En esta actividad, tomarás medidas para poner límites a tu *smartphone* y proteger tu tiempo.

Herramienta:

Tu *smartphone*

Pasos:

1   Este ejercicio es muy sencillo, consiste en desactivar todas las notificaciones en los ajustes de tu teléfono. Si te sientes cómodo, puedes hacerlo a partir de ahora. Sin embargo, si la sensación de incomodidad es intensa, al principio intenta hacerlo solo durante un día entero. Continúa esta práctica de desintoxicarte de las notificaciones una vez a la semana hasta que te sientas cómodo aumentando la frecuencia.

2   Ahora vamos a ocuparnos de los sentimientos resultantes que surgen. Probablemente culpa, sensación de obligación o miedo a perderte alguna información. Permítete sentirlo. Respira hondo y fíjate en qué parte de tu cuerpo pueden estar esas emociones. Si es necesario, mueve el cuerpo como creas conveniente. Por ejemplo, podrías girar los hombros o el cuello si notas tensión en ellos.

3   ¿Te serviría de apoyo un mantra motivador? Piensa en afirmaciones que te empoderen, como: «Me siento incómodo con este cambio, pero no importa. Evoluciono de forma

segura». O puedes afirmar que eres tú quien decide cuándo utilizas tus aplicaciones en el teléfono, no el dispositivo ni las aplicaciones en sí.

4 Si por tu trabajo no te es posible desactivar algunas notificaciones, asegúrate de desactivar todas las demás que sean opcionales. Cuando no estés obligado por contrato a estar disponible para trabajar, desactiva las notificaciones de tu empresa. Tal vez te resulte fastidioso cambiar continuamente la configuración, pero piensa que, con ello, estás protegiendo tu tiempo, tu energía y tu atención. Cuando cambias estas distracciones ambientales siempre que es posible, te facilitas el trabajo de los límites.

5 Si desactivar notificaciones como las de tus mensajes de texto no es posible o no te sientes preparado, procura dejar el móvil en otra habitación cuando no lo necesites, como cuando estés preparando la cena o hablando con tus compañeros de piso o familiares.

Di no a una solicitud

Al establecer límites en torno a tu tiempo, debes rechazar algunas solicitudes. Sin embargo, es frecuente que la gente se sienta culpable por querer, o incluso necesitar, decir que no. Tal vez piensen que deben hacer todo lo humanamente posible. O tengan miedo de no gustarles a los demás si se niegan. Esto crea un círculo vicioso en el que nos traicionamos a nosotros mismos para complacer a otros. A la larga, este ciclo puede conducir al agotamiento, la depresión y una ansiedad abrumadora.

Otras veces, una persona con límites porosos es capaz de decir que no, pero se siente obligada a dar una lista interminable de razones por las que debe negarse. Tienes derecho a decir no sin justificación. En esta actividad, aprenderás a ser sincero sobre tus límites con los demás.

Herramienta:

Espejo

Pasos:

1 Acuérdate de alguna ocasión en la que alguien te dijo que sí cuando debería haberte dicho que no. Lo sabrás si, por ejemplo, canceló en el último momento por otro asunto (por ejemplo, una cita que había olvidado). O si expresó resentimiento por haber realizado esa tarea por ti. Tal vez lo expresara tratando de hacerte sentir culpable; por ejemplo, diciéndote que, como te llevó al aeropuerto, ahora vas a tener que ayudarlo con la mudanza.

2 ¿Qué sentiste al percibir su falta de límites con respecto a su tiempo? Probablemente rabia, confusión o vergüenza por su resentimiento, porque te hiciera sentir culpable o porque te

cancelara a última hora la cita. Date cuenta de que decir no con sinceridad y claridad es una muestra de consideración, aunque te resulte difícil ahora mismo.

3 Piensa en algún acontecimiento próximo que te cause inquietud, como una celebración festiva, una petición de horas extras o una reunión social.

4 Escucha a tu cuerpo. Tu sensación de temor es tu intuición diciéndote que esa petición es excesiva para tu tiempo o tu energía actuales, o que no está en consonancia con tu auténtico yo. A veces no queremos hacer algo porque va en contra de nuestros valores. Otras veces, es porque nuestras agendas están sobrecargadas y estamos agotados. Fíjate en cuál es la razón en tu caso. Reconoce que tiene sentido que no quieras hacerlo.

5 Aprende a decir no (¡sin disculparte!) a esta petición ensayando ante el espejo. Intenta que tu respuesta sea lo más sucinta posible. Si das demasiadas explicaciones, corres el riesgo de abrumar a quien te escucha. Puedes ofrecerte a quedar con alguien otro día o a ayudar con otra petición, pero solo si te parece auténtico, no por culpa u obligación. Di no con sinceridad y autenticidad, en lugar de solo por complacer al otro. De nuevo, tienes derecho a decir que no, y esta honestidad es la base de las relaciones sanas. Aquí tienes algunos ejemplos de lo que podrías decir:

• «Muchas gracias por invitarme, pero esta vez no podré ir. Espero que salga de maravilla».

• «Me he dado cuenta de que ese día ya tengo programada otra cosa».

• «Entiendo que necesites ayuda ese día, pero, por desgracia, no estaré disponible».

6 Súbete el ánimo con un mantra positivo. Piensa en lo que te diría tu referente en el establecimiento de límites (del ejercicio «Encuentra un referente para establecer límites», página 59) para inspirarte.

7 Comunícate con la persona, directamente o por mensaje de texto si no te sientes preparado para una conversación cara a cara. Siente las emociones que surjan, incluidas la ansiedad y la culpa, así como el alivio, el valor y el orgullo.

8 Celébralo: puedes hacerlo incluso exclamando «¡sí!» para ti mismo, jugando a lo que te apetezca, bailando o presumiendo ante un amigo: ¡es un gran logro!

Cuando te cuestionen

A veces, la gente intentará convencerte de que digas que sí o cuestionarán tu «no». Hazles saber que aprecias que valoren tu presencia o tu apoyo, pero reitera que no te es posible asistir. (También puedes desentenderte de la conversación, por ejemplo diciendo que estarás trabajando el resto del día, para evitar más llamadas). Si alguien te pregunta por qué dices que no y te sientes cómodo explicándoselo, no dudes en decir algo como: «Últimamente estoy intentando organizar mejor mi tiempo para estar más con mi familia». Por otro lado, también tienes derecho a decir que no y a no dar explicaciones ni justificarte.

Evita el resentimiento con el autocuidado

El resentimiento es siempre un signo de límites porosos. Este resentimiento surge si no satisfaces tus propias necesidades o no estableces los límites que necesitas en torno a tu tiempo. Entonces te preguntas cuándo tendrás un respiro, cuándo alguien se dará cuenta de lo mucho que trabajas y te concederá tiempo para ti. En esta situación, lo que estás haciendo es esperar que los demás adivinen lo que piensas y te den permiso para poner límites; y ahora sabes que esa no es la forma de enfocar este asunto. En la siguiente actividad, establecerás límites para evitar el resentimiento.

Herramientas:
Papel y bolígrafo

Pasos:

1 Algunas señales de que te sientes resentido son pensamientos del tipo: «¿Y yo qué?», «¿Cuándo se me reconocerá?» o «¿Cuándo se satisfarán mis necesidades?».

2 Para empezar, escribe una lista de las áreas de tu vida en las que te sientes resentido. A veces resulta incómodo reconocer el resentimiento, pero puedes querer mucho a alguien y, en ocasiones, estar resentido con él. Además, ser sincero sobre tu resentimiento te permite ser más auténtico y cariñoso.

3 Escribe qué pensamientos o sentimientos hay detrás de tu resentimiento. ¿Qué desearías recibir? Puede ser reconocimiento, tiempo para ti o descanso, por poner algunos ejemplos.

4 La única manera de acabar con el resentimiento es que establezcas un límite interno. Dejarás de sentirte resentido cuando encuentres la manera de darte a ti mismo lo que necesitas, en lugar de esperar a que otro te lo dé. Tendrás un respiro cuando te des un respiro a ti mismo. Encuentra ahora una forma de empezar a hacer desaparecer tu resentimiento. Podría ser hablar con tu pareja sobre la necesidad de pasar tiempo a solas los fines de semana. O podría significar terminar el trabajo a una hora determinada o celebrar un logro. Cualquier idea que se te ocurra es buena: confía en ti.

Respeta los horarios de los demás

Los límites en torno al tiempo también incluyen cómo tratas los horarios de los demás. Una forma habitual de vulnerar, sin querer, los límites de los demás es querer controlar cómo pasan el tiempo. Pensar que alguien «debería» estar disponible para ti o dedicarte tiempo pone de manifiesto este tipo de violación de límites. Si tienes la costumbre de enviar mensajes de texto repetidamente hasta obtener respuesta, también es señal de que intentas controlar su tiempo. Hay quienes quieren decidir cuándo hace la limpieza su pareja o cómo pasa su tiempo libre con los demás. Otros tienen el impulso inherente de querer controlar el tiempo de sus empleados, compañeros de trabajo, hijos, amigos o familiares. Puede que crean sinceramente que sus planes o ideas son tan buenos que les beneficiarán. Sin embargo, los demás tienen derecho a tomar sus propias decisiones sobre su tiempo.

En este ejercicio, reflexionarás sobre las áreas en las que podrías estar infringiendo los límites de otros y tratarás de cambiar ese comportamiento adecuadamente.

Pasos:

1   Explora si hay momentos en tu vida en los que puedes estar controlando —o intentando controlar— la forma en que alguien emplea su precioso recurso del tiempo. Practica la autocompasión mientras reflexionas. Intentar controlar el tiempo de los demás es una respuesta natural al miedo. Comprende por qué tienes miedo en esta situación. Si quieres evitar que tu pareja vaya a una despedida de soltero, por ejemplo, puede ser porque te dé miedo a que te sea infiel.

2   Examina en qué aspectos necesitas ponerte límites para respetar el tiempo de los demás. Si eres padre, esto tiene

matices. Por una parte, depende de ti estructurar el horario y las rutinas de tus hijos, por ejemplo cuándo se van a la cama. Sin embargo, por otra parte, si les estás imponiendo horarios excesivos —lo sabrás porque te dirán lo cansados que están—, quizá necesites aprender a poner límites. Sé amable contigo: cuesta resistirse a la tendencia a controlar el tiempo de los demás. Háblate como lo haría un padre cariñoso o tu referente para el establecimiento de límites.

3   Piensa qué puedes hacer con ese tiempo que recuperarás cuando dejes de preocuparte por cómo se organizan los demás. ¿Qué te gustaría hacer en lugar de controlar los horarios ajenos? Decídelo y, si puedes, empieza a practicar esta actividad. Por ejemplo, en lugar de pasar todo tu tiempo con tu mejor amiga, tal vez prefieras ir sola a una clase de yoga. O darte un baño por la noche, en lugar de quedarte con tu pareja en la cocina, en la noche en que le toque cocinar a ella, explicándole cómo preparar la cena.

4   Cuando elijas lo que te apetece hacer en lugar de lo que siempre sueles hacer, respeta también el tiempo del otro avisándolo de antemano. Si necesitas programar esta actividad con antelación, por ejemplo en el caso de una clase de baile, hazlo inmediatamente. Si no, para evitar entrar en conflicto con su horario, reserva al menos quince minutos; por ejemplo, si tu pareja prepara la cena los martes, reserva tiempo para bañarte esa noche.

5   Si te cuesta soltar el control, ten paciencia. Se trata de una habilidad compleja que requiere mucha práctica. Para estimularte, procura imaginar cómo se sentirá la otra persona al tener un poco de espacio. ¿Qué pensará o sentirá? Observa el alivio o el agradecimiento que probablemente sentirá. Tómate un momento para imaginar cómo te sentirás *tú*

cuando elijas hacer algo que te apetezca en lugar de sentirte obligado a controlar el tiempo de otro. Imagina cómo sería darte ese tiempo y espacio para leer, darte un baño, echarte una siesta o hacer cualquier otra actividad que te apetezca. ¿Cómo te sentirás físicamente cuando elijas hacer esta actividad? ¿Qué emociones surgirán? Por último, al centrarte en ti mismo y respetar el tiempo de otra persona, ¿cómo crees que repercutirá esto en la relación? ¿Qué efectos positivos podrías notar?

Invitar en lugar de controlar

Controlar el tiempo no es lo mismo que querer pasar tiempo con alguien. Proponerle a un amigo ir al cine cuando os venga bien a los dos es sano. Controlar es intentar dictar que tu amigo quede contigo a las nueve para cenar y luego convencerlo para ir a la película de las diez y media que dan cerca de tu casa, por ejemplo.

Céntrate únicamente en el momento presente

Tal vez pases gran parte de tu valioso tiempo rumiando recuerdos del pasado o preocupándote por lo que acontecerá en el futuro. Es probable que ese hábito genere sentimientos de ansiedad o tristeza y que, de todos modos, no solucione nada. Para sentirte más tranquilo, es importante que aprendas a dejar de pensar en el pasado o en el futuro. Esto puedes lograrlo centrándote en el momento presente, es decir, practicando la atención plena. De esta manera también le estarás poniendo límites a un vampiro de tiempo que a menudo se pasa por alto: demasiados pensamientos sobre el pasado y el futuro.

Pasos:

1 Inspira hondo, llevando el aire al vientre. Espira lentamente por la boca. Tomar conciencia de tu respiración es una forma sencilla y eficaz de practicar la atención plena. Tu respiración solo puede existir en el momento presente.

2 Vuelve a inspirar. Cuando lo hagas, dite a ti mismo: «Al inspirar, inspiro». Date cuenta de lo que sientes físicamente cuando el aire pasa por las fosas nasales y llega a los pulmones.

3 Espira por la boca. Cuando lo hagas, dite a ti mismo: «Al espirar, espiro». Nota cómo el aliento te sale de los pulmones y de la boca.

4 Repite esta práctica durante otras cuatro respiraciones, sin olvidarte de las afirmaciones. Procura que tu respiración sea cada vez más profunda.

5 Vuelve a practicar esta respiración siempre que te encuentres excesivamente centrado en el pasado o en el futuro.

Acepta el aburrimiento

Al desarrollar límites significativos en torno al tiempo, tal vez experimentes un conflicto interno. Probablemente sepas que dedicarte tiempo a ti mismo te ayudaría, pero también podrías sentirte culpable por ello. Solo con mucha práctica en el establecimiento de límites se puede decir sinceramente: «¡Me he pasado un día sin hacer nada y sin sentirme culpable!». Esta no es la primera parada en el camino hacia el establecimiento de límites eficaces en torno a tu tiempo. Inicialmente, el objetivo es tomarse tiempo para descansar y relajarse, aunque surjan sentimientos de culpa, ansiedad o aburrimiento. Esta actividad te ayudará a aprender a tomarte breves espacios de tiempo para ti, aunque no tengas nada planeado.

Herramientas:
Papel y bolígrafo

Pasos:

1   Busca un lugar tranquilo y pon un temporizador durante dieciséis minutos (así tendrás tiempo para acomodarte). Esto podría significar que tienes que levantarte antes o acostarte más tarde si vives con otras personas. También puedes hacerlo en el coche.

2   Guarda el móvil en un cajón o bolso.

3   Acomódate rápidamente en un lugar confortable. No hagas nada durante los próximos quince minutos.

4   Acepta que este ejercicio puede ser incómodo o aburrido. Si el ejercicio es aburrido, ¡significa que lo estás haciendo correctamente! Las investigaciones demuestran que el aburrimiento reduce el estrés, mejora la concentración y aumenta la creatividad. Aun así, a veces da miedo limitarse a ser, sin hacer nada. En el silencio pueden aflorar sentimientos o pensamientos que has intentado evitar. Tal vez se trate de resentimientos o de límites que necesitas establecer. Permítete sentir la ansiedad que pudiera surgir ante la idea de limitarte a ser. También pueden aparecer sentimientos de culpa. Observa si alguno de tus valores confirma que necesitas espacio y tiempo para ti.

5   Es probable que sientas el impulso de levantarte, mirar algo o agarrar el móvil. Intenta resistir estos impulsos y concéntrate en tu respiración como hiciste en el ejercicio «Céntrate únicamente en el momento presente» (página 130), si quieres. Sigue respirando e interrumpe tu impulso de acabar este ejercicio o de distraerte. Esta es la práctica de la atención plena en acción. En ocasiones, desarrollar esta habilidad resulta muy incómodo y complicado; no obstante, es un trabajo tremendamente importante para tu vida en general y para desarrollar tu capacidad de establecer límites en particular.

6   Cuando suene el temporizador, apágalo y levántate.

7   Tómate un momento para escribir sin pararte a pensar qué te ha parecido este tiempo para ti. ¿Te has aburrido? ¿Te sentías culpable? ¿Pensabas en todo lo que «deberías» estar haciendo? Observa con compasión que estos son emociones y pensamientos que te impiden poner límites a tu tiempo. Anota lo que te venga a la mente.

8   Felicítate. ¡Hace falta valor para permitirse simplemente ser!

Capítulo 5

Protege tu salud mental

Establecer límites que protejan tu salud mental es fundamental para regularte emocionalmente y mantenerte en ese estado. La regulación emocional consiste en la capacidad de gestionar eficazmente tus emociones utilizando diversas habilidades y estrategias de afrontamiento. Cuando estás regulado a nivel emocional, eres capaz de aceptar lo que sientes de una manera equilibrada y de responder reflexivamente a tus sentimientos, en lugar de reaccionar automáticamente ante ellos. *A priori*, puede parecer que estar bien regulado emocionalmente no implica establecer límites; sin embargo, estos constituyen un componente esencial del bienestar mental.

Para establecer límites eficazmente con los demás, debes aprender a afrontar de forma saludable las emociones incómodas. Por ejemplo, tendrás que aprender a gestionar los sentimientos de culpa, ira, resentimiento y dudas sobre ti mismo. Afrontar bien tus emociones es un acto de amor propio y de respeto hacia ti. También es un acto de amor y respeto a los demás, porque eres capaz de ser más claro y amable al tratarlos incluso cuando estableces límites con ellos.

Las actividades de este capítulo te enseñarán a ser más consciente de tus sentimientos. Esto te servirá especialmente si no eres capaz de identificar tus emociones o si acostumbras a negarlas para ayudar a los demás a evitar el dolor o sentirse mejor. También practicarás la aceptación de tu derecho a todas tus emociones: no necesitas restar importancia a lo que sientes ni ocultarlo. Por último, practicarás formas nuevas y más sanas de afrontar las situaciones para cuidar tu salud mental en todo momento.

Aprender los fundamentos de la regulación emocional

Todos tenemos alguna forma de afrontar nuestras emociones. El problema es que lo que la mayoría hemos aprendido es contraproducente, porque nos ayuda a corto plazo, pero a la larga lo empeora todo. Esto lo sabes si alguna vez has comido en exceso para intentar sentirte mejor cuando estabas disgustado o aburrido... y después sentiste malestar físico y vergüenza, y quizá terminaste juzgándote por haberte atiborrado.

Hay formas mejores de afrontar los sentimientos difíciles. Este proceso está relacionado con los límites, porque cuando gestionas tus emociones de forma saludable, te regulas más a nivel afectivo. Una mayor regulación emocional te hace estar mejor preparado para establecer los límites que necesites. Esto, a su vez, crea un ciclo positivo en tu vida, porque a medida que sigues estableciendo los límites que sean necesarios, experimentas una mayor sensación de paz y confianza ya que mejoran las situaciones que te lastran.

Desprenderse de los hábitos perjudiciales

A lo largo de tu vida, es probable que hayas recibido mensajes, consciente o inconscientemente, sobre tus emociones. Podrían haberte inculcado que algunas de tus emociones son «buenas» y otras «inaceptables» o «malas». Estos mensajes se complican aún más con la positividad tóxica, que consiste en afirmar que no está bien sentir emociones dolorosas o incómodas, por lo que a quienes son sinceros con lo que sienten, se los ve como gente con «mala onda», en lugar de aceptarlos por su honestidad con respecto a sus sentimientos. Lo cierto es que no hay emociones «malas» o «buenas».

Es normal y natural experimentar toda la gama de emociones humanas a lo largo de la vida, como la alegría, el amor y la ilusión, pero también la pena, la rabia y la desesperación. Tienes derecho a sentir todas y cada una de las emociones. Por supuesto, es agradable sentir felicidad o esperanza, mientras que otras emociones, en cambio, resultan desagradables (aunque hay gente que se siente incómoda con la alegría, normalmente por miedo a que no dure, lo cual puede ser un signo de trauma no resuelto o de depresión). Lo mejor es que veas las emociones como una fuente de información que guía y enriquece tu vida.

¡Expresa tus emociones!

A muchos les cuesta reconocer y aceptar sus emociones porque han interiorizado el mensaje de que hay algunas que no se deben sentir. Por eso es posible que niegues tus emociones —especialmente las que te resultan incómodas o criticables–, por ejemplo pensando: «Tengo una vida estupenda; es ridículo que me sienta triste». O podrías reprimir inconscientemente los sentimientos complicados o hacer algo como beber alcohol para reprimirlos. Por desgracia, aunque es completamente natural, el impulso de ocultar o negar las emociones siempre crea más problemas. Por ejemplo, si niegas tu enfado con alguien, no asimilarás las emociones y no establecerás los límites necesarios. Luego, más tarde, es posible que termines gritándole por «tonterías».

A la larga, intentar ocultar o negar tus emociones, especialmente la ira, suele tener consecuencias negativas. Aunque logres evitar estallar contra los demás, tu ira también podría volverse hacia dentro, contra ti. Esto suele manifestarse en forma de síntomas de depresión, como no querer levantarte de la cama por la mañana, desánimo o un cansancio que no desaparece por mucho que hayas dormido.

Evitar la trasgresión de los límites en salud mental

Del mismo modo que debes establecer límites que te sirvan, es útil ser consciente de en qué momento se vulneran tus propios límites. Es frecuente que alguien con límites porosos en torno a su salud mental tenga dificultades en sus relaciones por tener una conducta excesivamente empática con los demás. La empatía, con límites sanos, es una emoción extraordinariamente edificante que puede enriquecer tus relaciones. Sin embargo, sin unos límites sanos, esta emoción podría volverse autodestructiva y hacer que te descuides y dudes tanto de ti mismo que termines sufriendo de ansiedad. Aquí tienes algunos derechos que debes tener en cuenta a la hora de cuidar de tus límites:

- **Tienes derecho a tus sentimientos y a no asumir las emociones de otros.** De hecho, para que los demás se sientan seguros, debes darles espacio para sentir, y afrontar, sus propios sentimientos. Esto lo abordaremos en las actividades de este capítulo.
- **Tienes derecho a la intimidad en torno a tus sentimientos.** Tienes derecho a decidir qué y cuánta información confidencial compartes con los demás y cuándo hacerlo. Por supuesto, como una burbuja flexible, esto variará en función de tu cercanía e intimidad con el otro.
- **Tienes derecho a sentir cualquier emoción que sientas.** Una violación habitual de los límites en lo que se refiere a tus

emociones y tu salud mental es que se burlen de tus sentimientos, por ejemplo que te acusen de ser «demasiado sensible» o «dramático». Hacerte creer que lo que sientes es incorrecto o inapropiado es una forma de *gaslighting*

A medida que adquieras más destreza en la gestión de tus emociones, actuarás con una mayor seguridad a la hora de proteger esos límites y ejercer tus derechos.

Acepta lo que sientes

La clave para afrontar bien tus emociones y establecer los límites que necesitas consiste en validar y aceptar tu derecho a sentir todos tus sentimientos. Afrontar bien tus emociones te permite responder a ellas en lugar de reaccionar automáticamente. Por ejemplo, cuando sientes ansiedad, no necesitas ceder a los impulsos automáticos de evadirte, retraerte o dejar las cosas para más tarde. Puedes sentir miedo de establecer un límite con alguien y aun así elegir ser valiente en lugar de ignorar el problema. Responder sabiamente a tus emociones no solo protege tu salud mental, sino que a menudo protege muchos otros aspectos de tu vida, incluidas tus relaciones.

Existen muchas maneras de afrontar bien tus emociones. Puede que ya dispongas de formas saludables de hacerlo; a veces es útil considerarlas como tus «herramientas» de habilidades de afrontamiento. Algunos ejemplos de habilidades de afrontamiento son respirar profundamente cuando te sientes incómodo, utilizar aromaterapia cuando estás ansioso, dar un paseo para despejarte, llamar a un amigo para que te ayude o jugar a algo cuando necesites distraerte.

Siente tus sentimientos

Un problema frecuente, sobre todo al principio de la terapia o para alguien que acaba de empezar a aprender regulación emocional, es decir «no lo sé» cuando te preguntan qué sientes. Podría parecer que esto carece de importancia, pero es muy complicado afrontar bien un sentimiento del que ni siquiera eres consciente. No saber cómo te sientes es un síntoma de desconexión emocional contigo mismo y a menudo lleva a la gente a reaccionar emocionalmente –por ejemplo, estallar contra su pareja– sin saber siquiera de dónde procede esa reacción.

Si tiendes a estar siempre trabajando o «en movimiento», tal vez descubras que estás desconectado de tus emociones. O si te centras en cuidar emocionalmente a los demás –e intentar hacerlos felices– sin tener en cuenta tus propios sentimientos, lo natural es que te sientas distanciado de ti. Este ejercicio te mostrará cómo conectar más profundamente con tu cuerpo con objeto de ayudarte a identificar tus emociones. Aprender a identificar tus emociones –y a ocuparte diligentemente de ellas– es un paso importante para no hacerte daño a ti mismo ni hacérselo a los demás.

Herramientas:
Papel y bolígrafo

Pasos:
1 Tu cuerpo y sus sensaciones a menudo te darán pistas sobre cómo te sientes emocionalmente. Algunas personas suelen referir ciertas sensaciones físicas a sus emociones. Por ejemplo, se les retuerce el estómago cuando se sienten culpables o les duele el corazón cuando están tristes. ¿Existen signos físicos claros de emociones intensas? Escribe una lista.

Desarrollar esta autoconciencia te ayuda a estar más aten-
to. La próxima vez que sientas tensión en la mandíbula, por
ejemplo, puedes preguntarte si estás estresado, enfadado o
quizá ambas cosas.

2   Respira hondo. Ahora, examina mentalmente tu cuerpo.
Analiza si sientes alguna sensación física en este momento y
si es agradable, neutra o molesta.

3   Si notas una molestia física, como tensión en los hombros,
respira, concentrándote en esa parte del cuerpo. Mantén la
mente abierta y pregúntate si esta molestia va ligada a una
emoción. Si oyes una respuesta quizá que el dolor de cabeza está causado por el estrés y la ansiedad–, agradece a tu
cuerpo y a tu intuición que te envíen este mensaje. Anota
lo que aprendas. Permítete confiar en la primera respuesta
que se te ocurra. No hay ninguna respuesta incorrecta, y tu
cuerpo tiene una sabiduría innata relacionada con tus emociones. Si te cuesta escuchar algo de tu cuerpo, no te preocupes. Adopta una postura de curiosidad mientras sigues
escuchando. Estés en el punto que estés con este ejercicio,
trata de ser comprensivo, amable y compasivo contigo mismo. En ocasiones la desconexión con los propios sentimientos es comprensible.

4   Ahora que eres más consciente de lo que sientes, a nivel físico y emocional, trata de encontrar una forma saludable de
gestionarlo. En el caso de que tengas ansiedad, por ejemplo,
podrías practicar la respiración profunda o bien salir a dar
un paseo.

Entender la disociación

Los traumas complejos (como los causados por la negligencia o los malos tratos continuados) y los accidentes graves pueden provocar algo llamado *disociación*. Se trata de una forma más extrema de desconexión de tus sentimientos, en la que realmente no te sientes en tu cuerpo o bien te sientes como una cabeza flotante. Los traumas complejos tienen cura; sin embargo, este tema queda fuera del ámbito de este libro. Si experimentas habitualmente este síntoma de disociación, acude a terapia. Si por algún motivo no te es posible hacerlo, hay estudios que demuestran que el yoga —que puedes practicar de forma gratuita— reduce significativamente los síntomas traumáticos.

Identifica las estrategias de afrontamiento emocional poco saludables

La mayoría de las personas tienen momentos en los que afrontan sus emociones de un modo que no les ayuda o incluso les perjudica. Esto es natural y totalmente comprensible, sobre todo si nunca aprendiste a afrontar tus emociones de forma eficaz durante tu infancia. Poner límites a las estrategias de afrontamiento inútiles es una de las medidas más importantes que puedes tomar para proteger tu salud mental.

En esta actividad, identificarás un comportamiento perjudicial al que a veces recurres cuando te sientes mal y aprenderás a sustituirlo por una opción más sana y eficaz. El proceso de sustituir las estrategias de afrontamiento inútiles o dañinas por otras más amables y eficaces requiere tiempo y práctica.

Herramientas:

Papel y bolígrafo

Pasos:

1 Divide tu hoja en tres columnas. En la primera escribe *Mecanismos de afrontamiento*, en la segunda *Resultados* y en la tercera *Nuevas opciones*.

2 En la primera columna, enumera todas las formas de afrontar tus emociones que te generan más problemas. Por ejemplo, el juego o los gastos innecesarios, los atracones de bebida o comida, el abuso de medicamentos recetados o pasar tiempo con personas que sientes que te utilizan. No juzgues tus acciones; simplemente constata estos hábitos.

3 En la segunda columna, especifica cómo estos comportamientos ocasionan más problemas. Si compras cuando estás

141

triste, puedes endeudarte, por ejemplo. Si identificas algún comportamiento o impulso que amenace tu supervivencia, como un aumento del consumo de drogas, una alimentación muy restrictiva o pensamientos suicidas, busca ayuda profesional. Podría salvarte la vida, en sentido literal. ¡Te lo mereces! Este es el límite más importante que puedes establecer contigo mismo.

4 Repasa la primera columna y elige uno de estos comportamientos para practicar con él el establecimiento de límites.

5 Reflexiona sobre las emociones que pueden llevarte a seguir ese impulso. Por ejemplo, la soledad podría llevarte a juntarte con gente que te falte el respeto. O quizá bebas de forma compulsiva cuando te sientes aburrido, solo o disgustado. Sean cuales sean las emociones que te provocan este comportamiento, reconócelas. Asegúrate de mirarte y de mirar todo el dolor que identifiques con verdadera compasión. Al tratar de escapar de las emociones desagradables estás actuando de un modo que te hace daño. Acepta ese sufrimiento que sientes y comprende que no tienes por qué avergonzarte. Te mereces una actitud comprensiva y sin críticas por la forma en que reaccionas ante tu dolor o sufrimiento.

6 Utiliza ahora la tercera columna para hacer una lluvia de ideas sobre otras maneras en que podrías sobrellevar la situación contando con más apoyo. Una opción sería llamar a un buen amigo que vive lejos en lugar de quedar con amigos más cercanos que no te tratan con cariño. Tal vez, si te sientes solo, podrías plantearte tener una mascota. O quizá dar un paseo o asistir a una clase de gimnasia en lugar de ir a tomar una copa.

7 Practica la atención plena para ser consciente de cuándo surge el desencadenante emocional de este impulso y este

comportamiento. Procura recurrir a las estrategias más útiles que has descubierto o a las que se te vayan ocurriendo. Imagina que, como un padre cariñoso hablando con su hijo, te dices no a ese impulso de hacer algo que te perjudica. En lugar de eso, fomenta habilidades de afrontamiento más útiles.

Acepta radicalmente tus emociones con un mantra

La aceptación radical es la voluntad de aceptar la realidad tal como es. (Puedes consultar el ejercicio «Practica la aceptación radical», en la página 101). *Realidad* implica toda la gama de experiencias humanas, desde pequeños inconvenientes hasta tragedias como las catástrofes naturales. Se trata de una habilidad de afrontamiento que puedes practicar en cualquier lugar: solo necesitas tus pensamientos. La aceptación radical no es lo mismo que decir que estés de acuerdo con lo que sucede ni que te alegre esa realidad, sino el reconocimiento de que negar la realidad nunca cambia los hechos. Al contrario, rechazar la realidad solo aumenta tu sufrimiento. Si aceptas radicalmente que está lloviendo, estarás mojado. Pero si rechazas esta realidad, seguirás estando mojado y además disgustado. No hay emociones «malas» o «incorrectas». Experimentar la amplia gama de emociones forma parte de la propia naturaleza humana. Reconoce que tu forma de afrontarlas puede ser útil o inútil, pero estos impulsos no son un reflejo de la emoción en sí.

Esta actividad te llevará a cuestionarte la idea de que algunas emociones son «incorrectas» y a practicar la aceptación radical de cualquier sentimiento que te surja.

Pasos:

1 Reconoce que tienes derecho a sentir todas y cada una de las emociones. De hecho, tus emociones son una importante fuente de información que te envía tu cuerpo. Cuando juzgas –o no quieres sentir– ciertas emociones, desperdicias una valiosa oportunidad.

2 Piensa en una situación difícil en la que te encuentres. ¿Qué sientes? Intenta identificar cada emoción, incluidas las que sientas el impulso de juzgar. Por ejemplo, podrías pensar:

«Estoy harta de tener que encargarme de toda la planificación y el transporte de las actividades extraescolares de nuestros hijos; mi pareja no ayuda. Digo que estoy *harta*, pero en realidad me siento enfadada, dolida, resentida y sin apoyo. No me gusta sentirme así con mi pareja, pero es verdad». Date cuenta de que estas emociones existen, las aceptes o no. Son tus sentimientos genuinos, que tienes derecho a sentir (y que contienen valiosas lecciones para ti). Ten en cuenta que negar estos sentimientos o restarles importancia no va a hacer que desaparezcan. Lo más probable es que todo esto solo sirva para empeorar la situación.

3 Respira hondo y di: «Es lo que siento» y, a continuación, añade tus distintas emociones. Siguiendo con el ejemplo anterior, podrías decir: «Esto es lo que hay, siento que mi pareja no me apoya, que estoy enfadada, resentida y dolida con ella». La aceptación radical es algo que debes practicar continuamente: de manera natural, volverás a rechazar la realidad. Cuando esto ocurra, simplemente retoma tu mantra.

Acepta el don de tu ira

Este ejercicio profundizará en la aceptación de la emoción más esencial para establecer límites: la ira. La ira es también la emoción que mucha gente juzga más negativamente, lo que hace que sea un reto aceptar sentirla. A la mayoría nos han enseñado que la ira es una emoción mala, inapropiada o desagradable. Las personas complacientes tienden a sentirse especialmente incómodas con ella.

Intenta contemplar la ira con otra mentalidad: la ira es la emoción que te señala un límite que no se está estableciendo o imponiendo. Siempre que te sientas enfadado —también disgustado, agitado o resentido— con alguien o con algo, es señal de una necesidad no satisfecha o de un límite que se está violando. En este ejercicio, centrarás tu atención en la aceptación de la ira para identificar los límites que tal vez necesites establecer.

Herramientas:
Papel y bolígrafo

Pasos:
1 En el centro de la página, escribe la palabra *ira* y rodéala con un círculo. A su alrededor escribe las nociones que hayas aprendido en torno a la «ira». ¿Te han inculcado que es una emoción que da miedo? ¿Que es mala? ¿Poderosa? ¿Que no es de buenas personas? ¿Qué palabras o acciones te vienen a la mente cuando piensas en ella? También puedes escribir lo primero que se te ocurre cuando piensas en lo que «deberías» hacer con la ira; por ejemplo, «poner la otra mejilla». Escribe las ideas que te surjan.

2 Examina la página y pregúntate si alguna de estas nociones aprendidas sobre cómo abordar la ira frena tu capacidad

para fijar límites sanos. Si crees que es «rudo» expresar la rabia –incluso de forma amable–, tal vez evites de forma natural hacerte oír. Plantéate si estas ideas sobre la ira te han llevado a sentir otras emociones incómodas. Ten en cuenta que si, por ejemplo, ignoras tu ira, tus sentimientos se enconarán y crearás resentimiento hacia alguien. Si la amortiguas, quizá termines sintiéndote deprimido y avergonzado.

3 Ahora dale la vuelta a la página y escribe sobre la ira adoptando un enfoque más constructivo. Podrías recordarte a ti mismo que aceptar tu ira te permite establecer límites que, en última instancia, protegen tus relaciones.

4 Piensa ahora en una situación que te enfade, es decir, que haga surgir sentimientos de irritación, rabia, enojo y resentimiento. Tal vez te moleste que tu hermana critique a tu nueva pareja o te irrite que tu compañero de piso deje los platos sucios en el fregadero.

5 Plantéate qué aporta la ira en esta situación. ¿Qué te está revelando sobre tus necesidades y límites ese enfado que sientes? Puede que, por ejemplo, te haga falta tiempo para sopesar tus sentimientos hacia tu nueva pareja antes de recibir la opinión de los demás. O que necesites que tu compañero contribuya a las tareas domésticas.

6 Cuando aceptas el don de tu ira, ¿se vuelve más claro un límite que necesitas establecer? Piensa en cuál podría ser ese límite y escríbelo. ¿Estás preparado para actuar en consecuencia? Si no es así, plantéate qué otras herramientas puedes necesitar y consulta otros capítulos de este libro que se ajusten a tus necesidades.

Utiliza la respiración abdominal para pensar con claridad cuando estés alterado

Cuando te sientes presionado, estresado o abrumado, cuesta pensar con claridad y tomar decisiones saludables. Todos hemos tenido momentos en los que desearíamos haber tomado una decisión mejor cuando estábamos agitados. Esta incapacidad para pensar con claridad no es una debilidad tuya por la que debas sentirte mal: en realidad, forma parte de la reacción física de tu cuerpo.

Cuando estás estresado o emocionado, se activa tu sistema nervioso simpático. Este proceso te ayuda a prepararte para luchar o huir ante el peligro. Se trata de una respuesta del sistema nervioso muy beneficiosa en periodos breves, pero que se vuelve problemática cuando te sientes constantemente estresado. Además, si no eres capaz de poner fin eficazmente a tu respuesta de lucha o huida cuando es necesario, no solo te sientes mal, sino que, en caliente, puedes hacer o decir cosas de las que luego te arrepientas.

Para pensar con claridad y relajarte, has de activar tu sistema nervioso parasimpático. Esta parte de tu sistema nervioso también se llama sistema de «descanso y digestión». Solo en este estado puedes relajarte, curarte y recuperarte. Cuando se activa, los latidos de tu corazón se ralentizan y respiras más profundamente. A medida que tu cuerpo se relaje, te costará menos sentirte lo bastante tranquilo como para gestionar situaciones abrumadoras de un modo que no solo te beneficie a ti, sino también a los demás. En esta actividad, aprenderás a activar tu sistema nervioso parasimpático a voluntad.

Pasos:

1 Busca una silla cómoda que te permita apoyarte mejor mientras realizas este ejercicio. Lo ideal es que pongas los dos pies

en el suelo e intentes sentarte lo más recto posible, pero por favor, respeta tu cuerpo y haz las modificaciones necesarias en esta postura para asegurarte de que no te sientes incómodo. Tómate un momento para respirar con naturalidad. A continuación, coloca una mano sobre el pecho y otra sobre el vientre.

2 Cuando inspires, fíjate en qué mano se levanta más: ¿la del pecho o la del vientre?

- Si el **pecho** se eleva más, tu respiración es superficial. Esto es muy habitual, así que no te preocupes. La verdadera respiración profunda es una habilidad que requiere cierta práctica hasta llegar a hacerse de forma natural. Practicarla a diario antes de acostarte te ayudará a conciliar el sueño. Es importante trabajar esta habilidad porque la respiración superficial mantiene activado tu sistema nervioso simpático.

- Si el **vientre** se eleva más, estás calmando el sistema nervioso. Este tipo de respiración es natural para algunas personas. Practicar la natación o tocar instrumentos de viento suele ayudar.

3 Independientemente de hacia dónde se haya dirigido tu respiración, practica la siguiente visualización para relajar el sistema nervioso:

- Visualiza un globo de cualquier color justo en la base de los pulmones.

- Inspira por la nariz, mientras imaginas que este globo se expande.

- Espira por la boca, dejando que el globo se desinfle completamente en tu mente.

- Repite este ciclo de respiración y visualización cuatro veces más. Cada vez que lo hagas, deja que la respiración penetre más profundamente en el vientre, expandiendo más el globo. Cuando espires, permite que se desinfle lo máximo posible.

4 Observa cómo te sientes después de estos ciclos respiratorios. Muchas personas se sienten más relajadas. A veces, incluso se produce un llanto o una risa espontáneos. En otras ocasiones, se siente una sensación de mareo debido a este aumento de oxígeno. Si te ocurre esto, puede que durante un tiempo tengas que hacer menos ciclos respiratorios al repetir esta visualización.

5 Repite esta visualización cada vez que te sientas aturdido o estresado. Estás ayudando a tu sistema nervioso a relajarse, y eso te permite pensar con más claridad.

Practica la autocalma

Cuando estás muy agitado, es difícil prestar atención a las cosas que pueden tranquilizarte. Esto se debe a que, en un estado de tensión emocional, se activa el sistema nervioso simpático, y el córtex prefrontal —es decir, la parte del cerebro que es capaz de analizar los problemas y tomar decisiones sensatas— se bloquea. Por suerte, es posible prepararse con antelación para afrontar aquellas situaciones que, de producirse, podrían abrumarnos. En esta actividad, descubrirás estrategias de autoapoyo que te ayudarán cuando te alteres. Tener estas herramientas preparadas de antemano te ayudará a utilizarlas rápidamente en los momentos difíciles.

Herramientas:
Papel y bolígrafo
Pegatinas (opcional)

Pasos:
1   Dedica unos minutos a escribir todas tus formas favoritas de calmarte y sentirte mejor cuando estás enfadado o te sientes mal. Puede que se te ocurran muchas ideas o solo unas pocas; no importa. Asegúrate de que estas actividades te sirven realmente de apoyo (en lugar de ser perjudiciales a la larga). Ten en cuenta lo siguiente:
   • Algunos ejemplos de estas actividades son practicar yoga, pisar la hierba, escuchar música, hacer ejercicio, llamar a un amigo, ver una película que te guste, leer, escuchar a un cómico, pintarte las uñas o maquillarte, la aromaterapia, meditar, colorear, leer citas inspiradoras, disfrutar de la naturaleza, escuchar el sonido de la lluvia, pasear al perro, escuchar pódcast o practicar la respiración profunda.

- A menudo, las formas más relajantes de autocuidado son las que incorporan los sentidos, y si puedes combinar esta experiencia, ¡mejor que mejor! Por ejemplo, un baño puede tener agua caliente para el tacto, agua corriente para el sonido y bombas de baño perfumadas para el olfato y la vista (si utilizas bombas de baño de colores).
- Es importante que estas actividades sean asequibles y no requieran ni mucha planificación ni dinero.
- Llorar es otra forma útil de autocalmarse que a menudo pasamos por alto o juzgamos negativamente. Sin embargo, si tiendes a ahogarte en tu llanto, quizá te vendría bien poner un temporizador para recordarte que no debes dejarte arrastrar por tus emociones.

2 Si no se te ocurre nada más, acuérdate de lo que te gustaba hacer de niño. Podrías añadir esas actividades a tu lista, como jugar con bloques LEGO®, ir al parque, dibujar, hacer pompas de jabón o disfrazarte. Recuerda el pensamiento dialéctico: una actividad puede parecer tonta *y*, al mismo tiempo, ser muy relajante para ti. No te dejes llevar por la idea de que hay formas «mejores» o «peores» de cuidarte. ¡Está bien divertirse mientras cuidas de tu estado de ánimo!

3 Si lo deseas, adorna esta lista con pegatinas o dibujos.

4 Guarda esta lista en un lugar fácilmente accesible para acordarte de tus estrategias relajantes cada vez que te sientas abrumado.

5 No dudes en añadir cosas a esta lista con el tiempo. Tu estrategia favorita puede variar en función de la situación y de la emoción o las emociones que sientas. Tal vez prefieras bailar cuando estés enfadado y escribir un diario si te sientes triste, por ejemplo.

Facilítate el autocuidado

Para sacar el mayor partido de tus habilidades de autocuidado, escoge unos cuantos artículos de tu lista (como bombas de baño, té, libros de inspiración y aceites esenciales) y colócalos en un lugar accesible, como el cajón de tu mesilla de noche. La próxima vez que te sientas mal, solo tendrás que consultar tu lista, elegir alguno de esos artículos y buscar el lugar apropiado para utilizarlo y, en poco tiempo, recuperarás la calma.

Practica el mindfulness para tranquilizarte

Los investigadores de la Universidad de Harvard Matthew Killingsworth y Daniel Gilbert descubrieron que la mayoría de las personas no prestaban atención a lo que tenían delante el cuarenta y siete por ciento del tiempo. Cuando tu mente divaga, eres vulnerable a experimentar síntomas de depresión, estrés, ansiedad y otras emociones incómodas. La atención plena es una habilidad muy útil para hacer frente a esta distracción y proteger tu salud mental. ¿Cómo afecta ese parloteo mental a tu estabilidad emocional? Estos pensamientos perturbadores podrían consistir en rumiar acerca de lo que otros han hecho o dicho y te ha molestado. O bien ese pensamiento que te hace daño puede ser la voz de tu crítico interior, que te recuerda constantemente tus errores o defectos. Obsesionarse con lo que podría salir mal en el futuro también es un pensamiento que te distrae del presente y que no sirve absolutamente para nada.

Mindfulness es el acto de prestar atención plena al momento presente sin juzgarlo. Esta definición procede de Jon Kabat-Zinn, experto en mindfulness y autor. A menudo, la gente quiere ocultar esos pensamientos hirientes que la distraen del presente con otros más positivos. Se dicen a sí mismos que «deberían» estar agradecidos, por ejemplo, o pronunciar afirmaciones. Aunque, en general, las afirmaciones y la gratitud son prácticas beneficiosas, es probable que no silencien por completo el parloteo mental. Si de verdad quieres interrumpir los pensamientos que perjudican tu salud mental, apuesta por el mindfulness. Esta práctica nutre tu salud mental de dos formas fundamentales: por un lado, reduce tu parloteo mental y, por otro, es una habilidad autocalmante, que puedes utilizar en cualquier momento y lugar.

Pasos:

1 Practicas mindfulness cuando prestas plena atención a lo que estás haciendo con una actitud de aceptación radical («Esto es lo que hay»). Tu mente divagará cuando practiques la atención plena; tanto ahora como en el futuro. Y no pasa nada. La práctica del mindfulness consiste, en parte, en volver a centrarte en lo que ocurre en el momento presente: lo que estás haciendo, cómo te sientes, lo que oyes, lo que ves, etc.

2 Elige una actividad que quieras realizar con atención plena: puede ser alguna de las tareas que tienes pendientes, como doblar la ropa, o una actividad autocalmante, por ejemplo respirar profundamente. También puedes elegir ser consciente mientras comes o caminas.

3 Realiza esta actividad como lo harías normalmente, pero presta atención a tus pensamientos. Cuando tu mente divague –y seguro que lo hará–, vuelve a lo que estás haciendo de un modo neutro. Si estás lavando los platos, por ejemplo, fíjate en cómo sientes el agua y el jabón en las manos. Utilizar los sentidos es una forma estupenda de volver al momento presente.

4 Sigue volviendo al momento presente una y otra vez mientras realizas la tarea. Quizá te resulte tedioso mantener la atención en lo que estás haciendo, en lugar de perderte en tus pensamientos; y esto no tiene nada de malo. Aunque la práctica de la atención plena sea una habilidad extraordinariamente útil para mantener la salud mental, a muchos les cuesta. De hecho, hablamos de «práctica» de la atención plena precisamente porque no es posible alcanzar la maestría, sino tan solo practicar esa atención: habrá momentos en que te resultará más fácil y otros en los que te costará más.

Busca el equilibrio entre la empatía y el amor propio

Cuando una persona tiene límites porosos, a veces se siente abrumada porque siente las emociones de los demás. En estos casos, puede sentirse perdida ante los problemas o las emociones de otros. Tal vez esté confusa sobre sí misma y su propósito en la vida. También podría parecerle que vive para los demás mientras que su propia vida pasa de largo. Me estoy refiriendo a lo que se suele llamar una persona «empática».

Preocuparse por las emociones ajenas revela una gran capacidad de amar, pero debe equilibrarse con la atención a uno mismo. Las preguntas y las reflexiones de esta actividad te enseñarán a equilibrar tu empatía hacia los demás con la empatía hacia ti.

Pasos:

1 Asegúrate de que tu burbuja (del ejercicio «Visualiza tus límites», página 28) está levantada a tu alrededor. Aquí es donde estás totalmente protegido: tienes derecho a establecer límites para tu seguridad y puedes ser flexible con los demás y ponerte de acuerdo con ellos para satisfacer sus necesidades siempre que sea posible.

2 Plantéate si hay alguna situación o relación en la que te sientas incapaz de salir por estar dando prioridad a los sentimientos de los demás. Quizá te hayas quedado en el lugar donde naciste porque no quieres herir a tu madre o permanezcas en un trabajo que no te gusta porque no quieres causar un perjuicio a tu jefe.

3 Tómate unos momentos para honrar los sentimientos de los demás. Acuérdate de todas las razones por las que te importan tanto.

4 A continuación, haz lo mismo contigo y valídate. La validación es la capacidad de reconocer que lo que alguien piensa, siente, quiere o necesita es entendible dada su experiencia vital, su personalidad o la situación que está atravesando. La autovalidación consiste en aportarte esa misma comprensión a ti sin juzgarte. En decirte *por qué es lógico que te sientas así*. Reconoce que tus sentimientos o preocupaciones son totalmente válidos. Por ejemplo: «Es lógico que quiera marcharme. Esta ciudad no me ofrece oportunidades para desarrollar mi carrera. Además, para mí tiene un gran valor la aventura y tengo todo el derecho del mundo a querer marcharme porque soy adulto».

5 Vuelve a visualizar tu burbuja. Imagina que sacas de ella tu sentido de la responsabilidad de cuidar al otro hasta el punto de descuidarte a ti. Puedes imaginarte esto como humo, formas o cualquier otra cosa. Déjate guiar por tu intuición.

6 Ahora imagina que sacas de tu burbuja los sentimientos o preocupaciones de la otra persona. Tú eres responsable de calmarte y de establecer tus propios límites. Los demás también son responsables de hacer eso por sí mismos. Sigue sacando su energía de tu burbuja dejándote llevar por la intuición, hasta que sientas que está entera. Si te viene a la mente algún pensamiento de apoyo, dilo para tus adentros. Por ejemplo: «Quiero a mi madre, pero es ley de vida que aprenda a sobrellevar mi marcha».

7 Siente el alivio de equilibrar la empatía que sientes hacia los demás con tu amor propio.

Deja que tu burbuja te proteja

Si no reclamas un espacio para ti y respaldas tus sentimientos, lo más probable es que te sientas ansioso, que dudes de ti o te deprimas, y tengas la sensación de estar caminando por un lodo que no te deja avanzar. Visualizar tu burbuja a diario –o siempre que interactúes con alguien– te ayuda a reafirmar tu derecho a tener tus propias necesidades, sentimientos, valores, deseos y límites. Además, te ayuda a no hacerte cargo también de sus emociones.

Pon límites a los medios que perturban tu salud mental

Los medios de comunicación que consumes, como las redes sociales, la televisión, los periódicos, los pódcast y los libros, pueden ayudar a tu salud mental o perjudicarla. La gente suele utilizar estos medios para relajarse o desconectar de sus preocupaciones. Sin embargo, algunos de ellos te hacen sentir peor. Examinar lo que le ofreces a tu mente y establecer límites para proteger tu salud mental son pasos clave para garantizar que los medios a los que te expones propician tu bienestar.

Pasos:

1   Identifica los medios que prefieres, incluidos sus géneros y plataformas. Por ejemplo, quizá te encante la cocina, por lo que tiendes a ver este tipo de programas y escuchar pódcast sobre el tema.

2   Reflexiona un momento sobre cómo afectan a tu salud mental esta clase de programas, libros, etc. Tu respuesta automática puede ser ponerte a la defensiva o proteger tu deseo de ese tipo de entretenimiento. Tenlo en cuenta mientras exploras lo que tu cuerpo y tu intuición te dicen sobre cómo te afectan esta clase de programas.

3   ¿Te animan estos medios de comunicación? ¿Te deprimen? ¿Te dan miedo? ¿Te enfurecen? ¿Te relajan? Observa lo que te ocurre.

4   Si te das cuenta de que estos medios te deprimen o te alteran de algún modo, tal vez sientas el impulso de justificar su consumo. Ten en cuenta que, por muy entretenidos que te resulten, pueden afectar negativamente a tu estado de ánimo.

5   Si los medios de comunicación te alteran, ¿estás dispuesto a poner límites a su consumo? Por ejemplo, tal vez te

convenga dejar de seguir determinadas cuentas de redes sociales que te deprimen. O, si te sientes impotente cada vez que lees las noticias, quizá necesites activar un temporizador cuando consultes medios de comunicación sobre acontecimientos actuales.

6 Si no estás dispuesto a poner límites a estos medios, ¿por qué no? ¿Qué temes perderte? ¿Podrías reconocer ese miedo al tiempo que estableces un pequeño límite? Quizá no quieras dejar de ver documentales sobre crímenes reales, por ejemplo, pero podrías establecer el límite de no verlos justo antes de acostarte si esto repercute en tu capacidad para dormir bien.

Despeja tu entorno para mejorar tu salud mental

Aunque desprenderse es un aspecto importante del desarrollo de tus límites, es difícil hacerlo. Quizá temas que si prescindes de ciertas cosas o personas, te quedarás sin nada o sin nadie. O pienses que algo, aunque no sea bueno para ti, es mejor que nada.

Este ejercicio te ayudará a aprender a soltar en sentido literal. Despejar tu espacio tiene muchos beneficios, como facilitar la limpieza y también eliminar posibles recordatorios de una situación complicada.

Herramientas:

Cajas o bolsas

Pasos:

1   ¿Qué objetos físicos tienes en tu espacio que afectan negativamente a tu estado de ánimo? Una taza vieja puede recordarte un trabajo anterior que detestabas, por ejemplo.

2   ¿Cuáles son las consecuencias negativas de conservar este objeto para tu salud mental? Otro ejemplo es que las antiguas agendas pueden hacerte sentir inseguro.

3   ¿Cuáles son las consecuencias positivas de desprenderte de este objeto? Quizá te sientas menos impulsado a llamar a un ex si te deshaces del jersey que te regaló.

4   Pregúntate qué te impide deshacerte de este objeto. Acepta lo que oigas. Aferrarte a algo que te hace sentir mal simboliza que te aferras a comportamientos, relaciones o situaciones que te hacen sentir inseguro o desvalido. Reconoce y comprende este hecho, teniendo en cuenta al mismo tiempo que siempre puedes cambiar de decisión.

5 Ahora visualiza el alivio que sentirás cuando este objeto desaparezca de tu vista. ¡Ya no tendrás que encontrártelo nunca más!

6 Si te sientes preparado, deshazte del objeto reciclándolo o donándolo. Esta valentía y la voluntad de desprenderte te ayudarán a establecer límites en el futuro.

7 Si aún no estás preparado para deshacerte del objeto, guárdalo en una caja y escóndelo lo mejor posible. ¡Este también es un paso importante hacia la liberación!

Capítulo 6

Protege tu cuerpo

Parte de tu derecho a proteger tu cuerpo consiste en establecer límites sobre el aspecto que «deberías» tener, tu ingesta de alimentos, qué clase y frecuencia de contacto físico deseas y cómo cuidas de tu organismo. Las actividades de este capítulo te ayudarán a honrar tu derecho al autocuidado, a gestionar cualquier sentimiento de culpa al respecto y a mantener tu cuerpo a salvo de comentarios y comportamientos hirientes.

Nota importante: Ten presente tus propias necesidades y tu historia, ya que en este libro solo se mencionan brevemente las infracciones de límites, incluidas las agresiones y los abusos. De manera que si tienes un historial de traumas en tu cuerpo y estás trabajando con un terapeuta, tal vez te sea conveniente que te esperes hasta que puedas ver este capítulo con tu terapeuta. Si en ese momento no te es posible asistir a terapia, podrías completar —o repasar— primero el capítulo cinco. Tómate descansos y utiliza tus habilidades autocalmantes cuando sea necesario.

Los beneficios de establecer límites en lo que se refiere a tu cuerpo

Establecer límites para proteger tu cuerpo tiene numerosos beneficios, como por ejemplo:

- Cuidar tu salud física y mental.
- Sentirte más enraizado, emocionalmente estable y seguro de ti mismo.
- Mejorar tus relaciones con los demás ayudándote a sentirte menos irritable o resentido.
- Mejorar la baja autoestima, ya que es un paso que puedes dar activamente para sentir más amor hacia ti mismo.

Conoce tus derechos

Tienes muchos derechos en lo referente a la protección de tu cuerpo. Entre ellos el derecho a decidir cuánto pueden acercarse los demás a ti físicamente. Recuerda la imagen de la burbuja del ejercicio «Visualiza tus límites», en la página 28. El grado de acercamiento de los demás a tu burbuja puede variar según la persona, el estado de ánimo y la situación. Aunque tienes derecho a poner límites a cualquier cercanía física innecesaria y no deseada, puede que alguien tenga que acercarse más a ti de lo que desearías, por ejemplo si estás esperando en una larga cola para acceder a un espectáculo.

En lo referente a tu cuerpo, también tienes derecho a decidir cuándo y cómo quieres que te toquen. Esto es así, independientemente de las intenciones de la otra persona. Que te nieguen este derecho es una vulneración habitual de los límites físicos. Si durante tu infancia te dijeron que «fueras amable» y le dieras un beso a alguien que no te apetecía besar, esto es una vulneración de límites. También lo es si te agarran, te tocan o te abrazan sin tu consentimiento.

Proteger tu cuerpo también tiene que ver con tu higiene y tu derecho a buscar atención médica. Si sufres una enfermedad, tienes derecho a crear un plan que satisfaga tus auténticas necesidades y tus valores, así como a solicitar una segunda opinión o más. También tienes derecho a buscar alternativas a la atención médica tradicional para proteger tu cuerpo. Luego tienes la responsabilidad de cuidarte respetando al mismo tiempo el derecho de los demás a tomar sus propias decisiones sanitarias. Por último, tienes derecho a protegerte de los juicios y comentarios que hagan los demás sobre tu físico.

Los efectos de la vulneración de los límites corporales

Cuando se infringe el derecho a decidir cómo o cuándo te tocan los demás, esto puede afectar negativamente a tu propia relación con tu cuerpo. Aquí se incluyen vulneraciones que normalmente pasamos por alto, como que te abracen sin tu consentimiento, y traumas más manifiestos, como los malos tratos físicos y los abusos sexuales. Estas vulneraciones afectan a tu sensación de seguridad en tu cuerpo, así como a tu capacidad para defender tu salud física y sexual. (En el capítulo nueve abordaremos el tema de cómo defender tu salud sexual y gestionar cualquier presión sexual).

Cualquier antecedente de trauma que te haya dañado físicamente repercute de manera natural en tu capacidad para establecer los límites que necesitas con el fin de proteger tu cuerpo. Además de los malos tratos físicos y los abusos sexuales, otros traumas que dañan tu cuerpo son las lesiones, los accidentes, la escasez de alimentos, los trastornos alimentarios, la presión para tener un aspecto determinado y el abandono, incluida la falta de contacto físico durante la infancia. La negligencia perjudica por naturaleza el sentido que tiene una persona de su derecho a cuidar y proteger su cuerpo.

El amalgamamiento* extremo, que puede llevar a un progenitor a obsesionarse con el cuerpo de su hijo, entre otras cosas con su aspecto o su rendimiento deportivo, a menudo transmite al niño el mensaje de que, en realidad, su cuerpo no le pertenece. (Hablaremos sobre el amalgamamiento más adelante, en el capítulo ocho). Esta situación puede conducir a la disociación, en la que una persona deja de sentirse presente en su cuerpo, porque este ya no le parece seguro o lo siente directamente como un enemigo. Si experimentas disociación, acude a un terapeuta profesional para tratarla.

Da prioridad al autocuidado físico

El autocuidado es la práctica de dar prioridad a las acciones que te ayudan a sentirte equilibrado física y emocionalmente. No es lo mismo que la autocalma, que consiste en las actividades que realizas para relajarte cuando estás alterado a nivel emocional. Estos comportamientos pueden solaparse, pero lo que difiere es la intención. Por ejemplo, si estás enfadado por una pelea con tu pareja, podrías escribir en tu diario para calmarte. Y del mismo modo, podrías escribir cada noche en tu diario antes de acostarte con el fin de poner en orden tu mente y poder dormir; eso sería autocuidado.

Tienes derecho a cuidar de tu cuerpo y tomarte el tiempo que necesites para ello. De hecho, una parte esencial de la protección del físico es dedicarle tiempo al autocuidado. Descuidar este derecho es una transgresión de los límites internos. Algunas de las formas más comunes en que se manifiesta esa negligencia en el autocuidado son la dificultad para levantarse de la cama, la

---

* N. del T.: *Enmeshment* en inglés. *Enmeshment* es un concepto de psicología y psicoterapia acuñado por Salvador Minuchin (1921-2017) para describir a las familias en las que los límites personales están difusos, los subsistemas indiferenciados y la preocupación excesiva por los demás conduce a una pérdida de desarrollo autónomo.

niebla cerebral o la sensación de estar arrastrando los pies por el lodo. Hay mucha gente que evita establecer límites para proteger su cuerpo porque no quiere ser tachada de «egoísta». Si tú también piensas así, deberías saber que el autocuidado es uno de los actos más generosos que puedes llevar a cabo por los demás. Si no te cuidas, tu salud física y mental se resentirá. Y en el caso de que esto ocurra, a tus seres queridos les dolerá verte tan agotado y quizá tengan que hacerse cargo de ti. Además, si no cuidas tu cuerpo, inevitablemente también estarás demasiado agotado para estar del todo presente con tus seres queridos. Esto no es amar de verdad.

Simplifica

A veces los medios de comunicación complican demasiado la práctica del autocuidado: puede parecer que necesitas un montón de tiempo, energía o dinero extra para cuidarte «bien», con suplementos caros, productos de marca o rutinas complejas. Para empezar, céntrate en tus necesidades físicas básicas: movimiento, nutrición, hidratación y sueño. Los límites que trabajarás en este capítulo pueden hacer maravillas por tu salud física y también por tu perspectiva mental.

Bastan cinco minutos al día

Cuando la gente quiere empezar una práctica de autocuidado, a menudo se exige más de la cuenta. Alguien que normalmente no hace ejercicio puede decidir de repente que necesita comprometerse a ir al gimnasio cinco días a la semana. O quizá decida que necesita practicar varios hábitos nuevos a la vez, como meditar a diario mientras elimina los lácteos de su dieta. Aunque esta ambición es loable, con frecuencia nos lleva directamente al fracaso. Para sacar provecho del autocuidado, es importante crear un plan factible y duradero. Esto significa empezar de una manera que requiera muy poco tiempo y esfuerzo. El mejor plan es elegir una pequeña tarea diaria que quieras llevar a cabo y crear un hábito en torno a ella durante unas semanas. Cuando se convierta en algo natural para ti, podrás añadir otra actividad pequeña pero que te resulte gratificante. O también podrías ampliar un poco la cantidad de tiempo que inviertes en la primera actividad. Pero de momento, empieza con algo pequeño y sencillo. Esta actividad te mostrará cómo hacerlo.

Herramientas:
Calendario mensual impreso o lista de control digital
con treinta días enumerados

Pasos:
1 Piensa en un plan de autocuidado anterior o en un propósito para el nuevo año que no hayas podido cumplir. Date cuenta de por qué era lógico que no pudieras mantener ese propósito. ¿Qué obstáculos se interponían? Por ejemplo, quizá tu gimnasio estuviera demasiado lejos para comprometerte a ir a diario. Sé comprensivo contigo.

2 Decide una pequeña actividad que te gustaría empezar a hacer por ti a diario. Elige una acción que solo te lleve cinco minutos –o menos– al día. Además, este pequeño cambio no debería costarte nada. Aquí tienes algunos ejemplos:

- Acuéstate cinco minutos más temprano cada noche.
- Proponte lavarte la cara todas las noches antes de acostarte.
- Practica la respiración profunda cuando te encuentres con un semáforo en rojo.
- Haz estiramientos cinco minutos antes de acostarte.
- Cada mañana, cuando salgas de tu casa, dedica cinco minutos a ser plenamente consciente en el exterior, por ejemplo mientras te tomas el café.

3 Puede que tengas que ponerte límites si te dices a ti mismo que esto no es «suficiente» autocuidado para empezar. Recuerda: el autocuidado sencillo con el que puedes comprometerte a largo plazo es infinitamente más valioso que un plan elaborado que requiera tanto tiempo o trabajo que te haga desistir.

4 Comprométete con esta práctica de autocuidado a diario. Programa ahora este tiempo en tu móvil o agenda para recordarte esta pequeña actividad.

5 Cuando completes la actividad, márcala en tu calendario de papel o en tu lista de control digital. ¡Anímate! ¡Estás haciendo grandes progresos con solo unos minutos al día!

Presta atención a los tres grandes: alimentación, agua y descanso

Tu cuerpo físico y tu estado de ánimo están interconectados. Es probable que estés familiarizado con esto si alguna vez has pasado «hambre». Los «tres grandes» factores físicos —alimentación, agua y descanso— son responsables de muchos malos estados de ánimo. En esta actividad, descubrirás cómo influyen en tu estado de ánimo diversos estados físicos. También planificarás teniendo en cuenta estos estados para mejorar tu estado de ánimo al tiempo que proteges tu cuerpo y tus relaciones.

Pasos:

1 En primer lugar, centrémonos en la comida y la bebida: ¿alguna vez te olvidas de comer o beber suficiente agua al día? Si es así, ¿cómo afecta esto a tu estado de ánimo o a tu capacidad de concentración? Cuando estás deshidratado o hambriento, ¿cómo repercute esto en cómo tratas a los demás o en otras áreas de tu vida? Tal vez no puedas concentrarte, por ejemplo, cuando tienes hambre o sed. Esta falta de concentración puede afectar a tu productividad en el trabajo o puedes estar más irritable con los demás. Los investigadores han descubierto que incluso una deshidratación leve —un nivel de deshidratación del uno por ciento— en las mujeres es suficiente para disminuir el estado de ánimo y provocar problemas de concentración.

2 Pasemos al descanso: ¿alguna vez has tenido noches en las que no has dormido lo suficiente? Si es así, ¿cómo le afecta esto a tu estado de ánimo? ¿El cansancio afecta a tu capacidad de concentración y a tu forma de relacionarte con los demás? Cuando estás cansado, quizá regañes más a tus hijos

o te sientas más desanimado o agobiado a lo largo del día. Un estudio concluyó que a las parejas les cuesta resolver los conflictos de forma eficaz y positiva cuando solo una de las partes está privada de sueño.

3 Si es posible, plantéate formas de evitar algunos de estos desencadenantes físicos de los problemas de ánimo o de concentración. Por ejemplo:

- **Comida:** «Dejaré algún aperitivo en mi escritorio o bolso para comerlo en cuanto me acuerde de esta necesidad».
- **Agua:** «Procuraré empezar el día bebiendo 250 mililitros* de agua»
- **Descanso:** «Limitaré el tiempo que dedico a ver la tele por la noche».

4 Felicítate por tu lucidez y por tu plan: ¡al gestionar adecuadamente los desencadenantes físicos habituales estás protegiendo tu cuerpo, tu salud mental y tus relaciones!

---

* N. del T.: Aproximadamente la cantidad de líquido que contiene un vaso.

Libérate de la falsa culpabilidad

Uno de los mayores obstáculos para cuidar de tu cuerpo es el sentimiento de culpa en torno al autocuidado. Pero a menudo no se trata de auténtica culpa, sino de falsa culpabilidad; la auténtica surge cuando transgredes tus valores. Si valoras la honestidad, es natural que te sientas culpable al mentir. Esta culpabilidad te enseña a tomar decisiones diferentes para vivir con integridad. La falsa culpa surge cuando vas en contra de lo que crees que «deberías» hacer basándote en mensajes que has interiorizado de la sociedad o de quienes te rodean. Esta actividad te ayudará a examinar tu propia culpa relacionada con el autocuidado y a transformar esa mentalidad.

Herramientas:
Tu lista de valores del ejercicio «Identifica
tus valores», página 114
Bolígrafo o rotulador fluorescente

Pasos:
1   Dedica un momento a leer la siguiente lista. Señala con un círculo o subraya cualquier afirmación con la que estés de acuerdo:
- «No debería decir que no».
- «El autocuidado es un lujo que no puedo permitirme».
- «Los demás me necesitan tanto que no puedo dedicarme tiempo a mí mismo».
- «No debería hacer algo agradable o comprarme algo bonito para mí».
- «Tendría que poder hacerlo todo. Parece que los demás sí pueden».
- «Tengo miedo de que mi pareja (o cualquier otra persona) se enfade conmigo si le dedico tiempo a cuidarme».

- «Soy una mala madre (o padre, esposa, marido, hija, hijo, etc.) si me tomo tiempo para mí».
- «El autocuidado es egoísta».

2 Repasa las afirmaciones que hayas resaltado. ¿Has aprendido alguna de ellas de alguna fuente exterior, como los medios de comunicación, tu entorno cultural o un familiar? Por ejemplo, tal vez no creas sinceramente que eres un mal compañero por tomarte tiempo para cuidarte a ti mismo, pero durante tu infancia escuchaste que tomarse tiempo para descansar es de «vagos».

3 Imagina que empujas las creencias que no son verdaderamente tuyas fuera de tu burbuja de límites (del ejercicio «Visualiza tus límites», página 28).

4 Decide si alguna de estas creencias está en consonancia con tus valores genuinos. Tal vez te preocupe que tu pareja se enfade si practicas el autocuidado.

5 Ahora fíjate en cada creencia con la que te identifiques y analiza los hechos. ¿Cómo afecta negativamente esta creencia a tu cuerpo? ¿A tu salud mental? ¿A tus relaciones? Aquí tienes un ejemplo: «Como creo que no debo hacer algo agradable para mí misma —y no puedo permitirme el autocuidado—, no me molesto en cuidarme. Pero entonces me siento irritable y cansada, a todas horas. En los últimos seis meses he estado enferma tres veces. Y me fastidia que mi marido salga con amigos, porque está haciendo algo agradable para sí mismo».

6 ¿Hay alguna forma de ver esta creencia de otra manera? Imagina que tu referente para establecer límites (del ejercicio «Encuentra un referente para establecer límites», página 59) está hablando contigo o que conversas con tu

mejor amigo. A continuación te muestro un ejemplo del diálogo que podrías mantener internamente.

Yo: Me enseñaron que dedicar tiempo al autocuidado es de gente perezosa y egoísta. Pero la verdad es que ahora ya no sé si me lo creo del todo.

Referente o amigo: Me alegra mucho que me digas eso. Es lógico que creyeras que el autocuidado es de gente perezosa y egoísta, teniendo en cuenta lo que has vivido. Pero me alegro de que ahora te lo estés cuestionando. ¿Cómo te sientes cuando ignoras el autocuidado?

Yo: Cuando no me cuido, tiendo a enfermar. Entonces tengo que ausentarme del trabajo y cancelar planes que me hacían ilusión. También tengo tendencia a enfadarme con mis seres queridos. Me siento fatal cuando esto ocurre.

Referente o amigo: Es estupendo que te hayas dado cuenta. Porque tienes razón, sin autocuidado tu cuerpo se agota y tus relaciones se resienten. Piensa a ver si se te ocurren algunas formas sencillas de empezar a proteger más tu salud y tus relaciones con el autocuidado.

Yo: Pues veo que acostarme antes no me va a costar un céntimo y que si lo hago, me despertaré sintiéndome mejor. Y así podré cumplir mis compromisos con los demás. Además, soy una persona mucho más agradable cuando he descansado bien.

Referente o amigo: Pues sí, tiene mucho sentido lo que dices. ¿Te comprometes a acostarte más temprano (aunque solo sea diez minutos antes) a partir de esta noche?

Yo: ¡Sí!

7 En el futuro, cuando surja tu auténtica culpabilidad, practica la compasión contigo mismo.

Planifica tu autocuidado

Las personas con límites porosos en torno al autocuidado suelen tener buenas intenciones: lo incluyen en su lista de tareas. Sin embargo, su autocuidado nunca llega a encabezar esa lista; al contrario, siguen desplazando el tiempo para sí mismas al «día siguiente». Esto se convierte en un círculo vicioso en el que la falta de prioridad se vuelve algo natural. En esta actividad, pondrás el autocuidado en tu calendario para asegurarte de que realmente lo haces.

Herramientas:
Calendario de papel o aplicación de calendario

Pasos:

1 ¿Te sientes alguna vez enfadado o presionado por la idea del autocuidado? ¿Sientes que ya tienes demasiadas cosas en tu lista de tareas pendientes? Acepta estos sentimientos. Es lógico que te frustre la idea de hacer *más*.

2 Respeta la dialéctica: te parecerá que, por un lado, cuidas más de ti *y*, por otro, cuando lo hagas de forma constante, sentirás que tienes más tiempo libre. Se necesita mucho tiempo y energía para seguir adelante cuando te sientes agotado *y* por eso mismo merecerá la pena cuidarte.

3 Ten el valor de cambiar. Programa una actividad de autocuidado en tu agenda.

4 Considérala como una cita con otra persona a la que no puedes faltar, aunque el autocuidado aún no sea relajante. Puede que aún no lo sientas así si te sientes muy culpable o presionado por tu lista de tareas pendientes. Con el tiempo, estarás más despejado y tranquilo.

5 Mantén tu compromiso contigo mismo. Tú lo vales. Y si aún no lo crees, el autocuidado te ayudará a valorarte más.

Trata a tu cuerpo con respeto y amor

Una persona con límites porosos puede descuidar –o incluso da-ñar– su cuerpo. También puede intentar calmarse y reconfortarse de formas que, a la larga, resultan perjudiciales. Por desgracia, la negligencia hacia ti mismo (y potencialmente el abuso) te envía el mensaje subconsciente de que no mereces que te cuiden. Esto crea un ciclo de negligencia o abuso. La lista de control de este ejercicio te ayudará a identificar las áreas en las que quizá necesites poner límites a ambas conductas para tratar a tu cuerpo con el amor que se merece.

Herramienta:
Bolígrafo

Pasos:
1   Marca las formas en que puedes estar descuidando, o las-timando, tu cuerpo que aparecen en la siguiente lista. Esta lista no es definitiva, precisamente para no agobiarte. No dudes en añadir otros puntos y tómate un descanso si es ne-cesario.

☐ Olvidarse de comer
☐ No beber suficiente agua
☐ No ducharse con regularidad
☐ Restringir la comida
☐ Beber o comer en exceso
☐ Consumir drogas
☐ Obligarte a trabajar –o a hacer ejercicio– cuando estás enfermo

☐ Limpiar en exceso hasta el punto de provocarte lesiones, dolores o artritis

☐ Trabajar demasiadas horas

☐ No dormir lo suficiente

☐ Mantener relaciones sexuales sin protección con parejas con las que no has hablado del riesgo para la salud o el embarazo

☐ Comer alimentos que te proporcionan una sensación reconfortante, pero te sientan mal

2 Respira hondo. El mero hecho de tomar conciencia de estos hábitos puede resultar doloroso y agobiante. Sin embargo, el primer paso para proteger plenamente tu cuerpo es saber dónde tienes que poner límites.

3 Entiende por qué tiene sentido que actúes así. Habla contigo como si fueras tu mejor amigo.

4 Elige una actividad de la lista que acabamos de comentar para abordarla de inmediato. Siempre puedes abordar nuevas actividades más adelante, pero los cambios significativos se producen en pequeños pasos.

5 Pon límites a este comportamiento dañino o negligente, sustituyéndolo por algo que te haga sentir más amor por ti mismo. Introduce esta nueva actividad en pequeños pasos si es necesario. Si quieres trabajar menos horas, quizá podrías elegir una noche a la semana (en lugar de las cinco) para irte a casa más temprano. Si no quieres comer alimentos reconfortantes que te sientan mal, podrías optar por alternativas de estos alimentos, como sustituir el helado normal por uno sin lácteos.

6 Elabora un plan que te ayude con este objetivo. Si quieres beber más agua, puedes guardar una botella reutilizable en tu escritorio. O si quieres volver a casa puntualmente una

noche a la semana, marca esa hora en tu calendario laboral y habla con tu jefe. También podrías comprometerte con tu pareja a estar en casa para cenar juntos esa noche.

7   Busca formas de responsabilizarte de tu comportamiento y hacerlo con delicadeza. Por ejemplo, podrías poner un temporizador para asegurarte de que cumples tu compromiso de acostarte más temprano. O planear con antelación la visita a un amigo una noche a la semana para asegurarte de que sales del trabajo a tiempo. Cuando decides poner límites a las actividades perjudiciales para tu cuerpo, actúas como lo haría un padre cariñoso. Estás cuidando una parte esencial de lo que eres: tu cuerpo.

8   Sé amable contigo mismo. Hace falta algún tiempo para sustituir viejos comportamientos por otros nuevos, pero cada vez que actúas de una manera diferente, mejoras tus habilidades para establecer límites y muestras respeto a tu cuerpo.

Comunícate con los demás sobre tu cuerpo

Una vulneración habitual de los límites es que otros hablen de tu cuerpo sin tu consentimiento, tanto si se trata de cumplidos como de críticas. Esta vulneración puede desencadenar sentimientos de ira e inseguridad, o comportamientos hirientes hacia tu propio cuerpo, como comer en exceso para «rebelarte».

La seguridad, para muchas personas, implica protegerse de los juicios y comentarios de los demás sobre su propio cuerpo, así como de la obsesión por las dietas en general. Este ejercicio te mostrará cómo ejercer tu derecho a protegerte de los juicios y comentarios de los demás sobre tu cuerpo. *Sean cuales sean sus intenciones.*

Herramientas:
Papel y bolígrafo

Pasos:
1 Piensa en los momentos en que surge esta cuestión. ¿Cuándo te hacen comentarios sobre tu cuerpo, ya sean positivos o negativos? Puede que tu madre comente tu peso con regularidad. O quizá tengas un amigo que siempre está comparando vuestros cuerpos. Escribe acerca de estas situaciones.

2 Escribe ahora cómo influyen en tu relación con tu cuerpo y, potencialmente, en tu salud, los juicios y comentarios —positivos y negativos— de los demás sobre tu cuerpo. Por ejemplo, si recibes muchos cumplidos sobre él, puedes sentirte presionado para tener un aspecto determinado. Esto podría incitarte a restringir la comida. Cuando la restringes, notas que te cuesta concentrarte y que estás irritable. Con el tiempo, restringir la comida suele provocar deficiencias nutricionales y problemas de salud.

3 Plantéate cómo influyen negativamente en tu imagen corporal las conversaciones en las que participas o a las que te expones. Por ejemplo, quizá tus amistades hablen a menudo de su nueva dieta o critiquen sus cuerpos. O tal vez sigas en las redes sociales a personas que tienen lo que tú consideras el cuerpo «perfecto».

4 Escribe cómo te hacen sentir con relación a tu cuerpo estas conversaciones o estas publicaciones en las redes. ¿Cómo afectan a tu salud? Puede que pierdas horas de sueño para hacer ejercicio si tienes amigos que critican su propio cuerpo. Entonces podrías sentirte más hambriento a lo largo del día, que es un resultado natural de la privación de sueño. Y esto te llevaría a comer en exceso, con lo cual te sentirías más inseguro sobre tu físico... y volverías a perder horas de sueño para hacer ejercicio. Este tipo de patrones puede crear un círculo vicioso.

5 Pasemos ahora a establecer los límites necesarios. Si necesitas marcar un límite con alguien, ¿qué tienes que comunicarle a esa persona? Puedes pedirle a tu madre, por ejemplo, que se abstenga de hablar de tu peso –da igual que sean comentarios positivos o negativos–, porque te estresa. O decirles a tus amigos que dejen de contarte lo que odian de su cuerpo. Si necesitas apoyo para reafirmarte, consulta los guiones de comunicación asertiva de los capítulos ocho y nueve.

6 Si en las redes sociales te expones a contenidos que dañan tu relación con tu cuerpo, ¿qué límites debes poner? Tal vez tengas que dejar de seguir ciertas cuentas. También te convendría seguir a personas que apoyan la relación que quieres tener con tu cuerpo.

7 Aplica estos límites. Si estás nervioso o eres reacio, imagina el alivio que sentirás cuando ya no oigas todo aquello que afecta a tu capacidad de sentirte a gusto con tu cuerpo ni estés expuesto a ello. Piensa también en cómo te ayudará a sentir más seguridad.

Nutre tu cuerpo

Para establecer límites que protejan tu cuerpo, debes examinar tu actitud hacia la comida y la alimentación. Es probable que a lo largo de tu vida hayas recibido mensajes sobre la comida que influyan en tu relación con los alimentos y con tu cuerpo. Por ejemplo, la idea de que hay alimentos «buenos» y «malos», que puede provenir de tu familia, los medios de comunicación, tu entorno cultural o *coaches* especializados en nutrición.

Esta actividad te guiará mientras le preguntas a tu cuerpo qué necesita y escuchas sus respuestas. Por favor, tómate descansos, utiliza tus habilidades para relajarte y busca el apoyo externo de un terapeuta, si es necesario, en el caso de que tengas antecedentes de trastornos alimentarios.

Herramientas:

Papel y tres rotuladores diferentes: un color que te guste,
otro que no te guste y uno que te resulte neutro

Pasos:

1   Divide tu hoja en tres secciones. En la primera anota qué mensajes has captado sobre cómo debes —o no debes— comer. Puedes utilizar cualquier color para escribir.

2   En el segundo apartado, escribe sin detenerte a pensar sobre cómo han influido estos mensajes en tu relación con la comida y en tu forma de comer. Puede que te sientas culpable por comer ciertos alimentos, por lo que a veces haces «trampa», por ejemplo. O que te rebeles contra estos mensajes comiendo con frecuencia lo que «no debes».

3 En el tercer apartado, escribe cómo han influido estos mensajes en tu relación con tu cuerpo. Puede que estés controlando tu cuerpo o que lo descuides.

4 Independientemente de cómo te sientas actualmente respecto a la comida y a tu cuerpo, tómate un momento para empezar a respirar profundamente. Dirige una atención amorosa a tu vientre. Date cuenta de que tu físico te pertenece. Eres el experto en tu propio cuerpo y en sus necesidades.

5 Vuelve a respirar profundamente en el cuerpo y en el vientre mientras imaginas tu burbuja a tu alrededor (del ejercicio «Visualiza tus límites», página 28). Expulsa de la burbuja cualquier mensaje que hayas captado sobre la comida que no se ajuste a tu verdad. Pueden tener aspecto de humo, formas o cualquier otra cosa que se te ocurra. Déjate guiar por la intuición.

6 Empieza a conectar con tu cuerpo a un nivel más profundo. Date cuenta de que tu cuerpo siempre ha estado ahí, dispuesto a conectar contigo. Si lo escuchas, siempre tiene mensajes para ti, mensajes auténticos sobre tus necesidades, incluidas las de alimentación.

7 Dale la vuelta a la hoja de papel y dibuja un círculo con ese color que ni te gusta ni te disgusta. Pregunta a tu cuerpo qué alimentos prefiere y le apetecen de verdad. Mantén la mente abierta mientras escuchas la respuesta. Escribe estos alimentos dentro del círculo con el color que te gusta.

8 Ahora pregúntale a tu cuerpo si hay algún alimento que no prefiera digerir. Mantén el compromiso de escucharlo con amor. Escribe estos alimentos fuera del círculo con el color que no te gusta. Agradece a tu cuerpo que te hable. Recuerda que puedes conectar con él en cualquier momento para modificar tus preferencias.

9 Basándote en la información que has recibido, ¿hay algún pequeño cambio que quieras hacer para nutrir tu cuerpo de una forma más auténtica? Piensa en un alimento que quieras añadir a tu dieta en lugar de eliminarlo, sobre todo si tienes un historial de restricción alimentaria. Por ejemplo, quizá quieras empezar a comer más frutos secos o aperitivos caseros a base de alimentos integrales.

10 Dile a tu cuerpo que te comprometes a hacer este cambio gradualmente para demostrarle amor.

Practica movimientos placenteros

Hoy en día, la idea de ponerse en forma y de hacer ejercicio suele parecer una tarea seria y pesada: tal vez te sientas presionado a asistir a clases o a participar en intensas competiciones al aire libre. Pregúntate por los mensajes que has recibido sobre el ejercicio. ¿Cómo afectan estos mensajes a tu forma de pensar sobre el movimiento? En parte, cuidar bien de tu cuerpo es recuperar la diversión y la ligereza de habitarlo plenamente. Esta actividad te ayudará a plantearte el ejercicio y el movimiento como algo que te hace ilusión.

Pasos:

1 Date cuenta de que, de niño, tu relación con el movimiento era probablemente más auténtica. Los niños suelen mover el cuerpo para divertirse y explorar el mundo. ¿Qué tipos de movimiento te gustaban entonces? Puede que te encantara saltar a la cuerda, hacer girar un *hula-hoop*, montar en bicicleta o trepar a los árboles, por poner algunos ejemplos.

2 ¿Cómo te sientes al recordar estas actividades? Fíjate en que tu cuerpo todavía anhela el movimiento auténtico.

3 Elige una actividad que te encantara de niño (siempre puedes escoger otras después) y que todavía te guste hacer. ¿Cómo puedes volver a hacerla? Quizá podrías bailar con un videojuego o unirte a tus hijos en los columpios del parque.

4 ¡Fíjate en lo divertido que es simplemente contemplar un movimiento con el que disfrutas de verdad! Procura practicar esta actividad al menos una vez a la semana.

Habla de tu cuerpo con respeto

A menudo, el parloteo mental de muchas personas con límites porosos se alimenta de un crítico interior. Este crítico interior se fija
en lo que está «mal» en tu vida o en ti. Por desgracia, también suele
criticar tu físico. Para proteger tu cuerpo tienes que establecer límites sobre cómo se habla de él para garantizar que se lo trata con
respeto. En una actividad anterior, pusiste límites a la forma en que
permites hablar de tu cuerpo a los demás. En esta actividad, harás
lo mismo con la forma en que tú hablas de tu cuerpo.

Pasos:

1 Empieza por plantearte qué sientes respecto a tu físico. ¿Lo
   atacas o lo criticas? Si eres crítico con tu cuerpo –y esto le
   ocurre a la mayoría de la gente hasta que cultiva límites para
   protegerlo–, entiende por qué. Date cuenta de que recibiste mensajes y pasaste por experiencias que han influido en
   tu imagen corporal. Tal vez practicaste deportes durante tu
   infancia que acentuaban una determinada forma corporal,
   por ejemplo.

2 Fíjate en lo omnipresentes que están en la cultura de los países occidentales industrializados los mensajes sobre el cuerpo «correcto». Fíjate también en que estos mensajes tienden
   a cambiar y obligan a la gente a esforzarse constantemente
   por conseguir un físico distinto, además de hacerle sentir
   que su cuerpo no está bien.

3 Respeta la dialéctica: la mayoría de la gente tiene inseguridades físicas. Estas vulnerabilidades forman parte del ser humano. Al mismo tiempo, puedes decidir hablarte a ti mismo
   con respeto.

4 Comprométete a poner límites a tu crítico interior. Piensa que actúas como un padre o una madre cariñosos que le dicen a una persona que abusa verbalmente: «No, no puedes hablarle así a mi niño/a querido/a».

5 Ahora elige una parte concreta de tu cuerpo que tengas tendencia a criticar. Pon límites a la voz interior que puede empezar a enumerar varios defectos. Puedes volver a hacer este ejercicio en el futuro, pero de momento elige uno para ser amable contigo mismo/a.

6 Respira hondo. ¿Qué aprecias de esta parte de tu cuerpo? Tal vez necesites pensar de forma creativa. Podrías pensar: «Mis brazos me permiten abrazar a las personas que quiero. También, gracias a ellos puedo pintar, cocinar y hacer todas las tareas necesarias para vivir». O podrías decirte a ti mismo/a: «Mis muslos me permiten valerme por mí misma. Sin ellos, no podría andar ni bailar. Mis muslos me apoyan para que me sienta firme en mi cuerpo». Si tu crítico interior sigue diciéndote que no hay nada que apreciar, haz callar a esta parte como lo harían tus padres para protegerte.

7 Imagina que envías amor a esta parte del cuerpo y a tu cuerpo en general.

8 En el futuro, cuando surja otra vez tu crítico, vuelve a tratarte como un padre o una madre protectores y ponle límites a sus comentarios. Reafirma lo que aprecias de tu cuerpo o de esta parte de él en esos momentos y acalla así las críticas.

Evalúa tus progresos

Los límites saludables son consistentes pero flexibles. Anteriormente en este capítulo, creaste tu plan de autocuidado duradero en el ejercicio «Bastan cinco minutos al día», en la página 168. Ahora revisarás lo que funciona –o no– de este plan. Esta evaluación te permite practicar el establecimiento de límites firmes pero, al mismo tiempo, flexibles.

Pasos:

1   ¿Cuál era el plan de autocuidado que creaste en el ejercicio «Bastan cinco minutos al día»? ¿Has sido capaz de seguirlo?

2   Si no lograste comprometerte de lleno, sé amable contigo. Has identificado los obstáculos que te impidieron seguir el plan y que has de tener en cuenta. ¿Cuáles son esos obstáculos que te impidieron llevar a cabo los cambios que te habías propuesto? Ejemplo: «Quería beber más agua, pero a pesar de llevarme una botella de agua a la oficina, se me olvida beber de ella porque el ritmo de mi trabajo es muy acelerado». Otro ejemplo: «Quería acostarme cinco minutos antes por la noche, pero las actividades extraescolares de mis hijos nos obligan a salir hasta tarde tres noches a la semana».

3   Acepta que tienes unas intenciones maravillosas *y* también que tu primer plan no se ajustaba del todo a tus necesidades. Basándote en los obstáculos que has identificado, ¿cómo puedes revisar o cambiar tu plan? Acostúmbrate a hablarte como lo harías con un ser querido. Por ejemplo: «En parte, no bebo agua porque no hago pausas en el trabajo. Voy a empezar a hacer mi pausa matutina de diez minutos. Si en ese momento decido beber agua, estupendo, pero no hay ninguna presión para hacerlo por ahora». Otro ejemplo: «No es realista, ni amable, presionarme para acostarme pronto por la noche. Sin embargo, los martes estamos en casa. Empezaré por acostarme pronto los martes. No pasa nada si todavía no he progresado mucho; por algún sitio tengo que empezar».

4 Si has seguido tu plan de forma irregular, piensa que esto también es totalmente comprensible. A veces no podrás seguir tu plan de autocuidado por diversas razones, como estar enfermo, viajar o que surjan imprevistos. Durante esos momentos, adopta una actitud más flexible. Reconoce que la imperfección es humana. Ejemplo: «He podido dormir más la mayoría de las noches, pero a veces me pongo a ver un programa de televisión. No pasa nada: me centro en el progreso, no en la perfección».

5 Si has sido capaz de comprometerte con este plan, felicítate. No es fácil poner límites para proteger tu salud. ¿Cómo te sientes? ¿Quieres mantener este plan tal como está? ¿O quieres agregar otra actividad? Estás desarrollando un estilo de vida de autocuidado en el que proteges sistemáticamente tu cuerpo, tu salud mental y tus relaciones peldaño a peldaño, como una escalera. Pero debes añadir estos cambios con autenticidad y poco a poco. Por ejemplo, algo así: «He conseguido hacer estiramientos nocturnos antes de acostarme. Ahora, quiero practicar la respiración profunda durante unos minutos al despertarme para centrarme».

6 No importa cómo vaya tu plan original, felicítate por seguir profundizando en tus necesidades de autocuidado. Este es un paso fundamental para cultivar unos límites sanos.

Capítulo 7

Protege tu dinero y tu trabajo

Como ocurre con cualquier otro aspecto de tu vida, también necesitas límites en torno a tu trabajo y tu dinero. Es comprensible que mucha gente tenga dificultades para proteger estos aspectos de su vida, ya que la mayoría no recibimos una orientación o un apoyo claros sobre estos temas durante nuestra infancia. A menudo, lo que *nos* inculcan es limitante. Por ejemplo, quizá te hayan dicho que hay trayectorias profesionales válidas y no válidas. Es posible que te hayan disuadido de dedicarte a lo que de verdad te apasiona en el ámbito laboral. Además, muchas familias viven una situación de inseguridad económica, que puede suscitar mucho miedo, incertidumbre y problemas de control.

Las actividades de este capítulo te ayudarán a comprender claramente cuáles son tus creencias, valores y necesidades en torno al trabajo y al dinero. A continuación, aprenderás a cultivar límites internos para respaldar tus puntos de vista. También adquirirás habilidades de comunicación asertiva que te servirán para defender tu derecho al bienestar económico. Por último, definirás exactamente qué es para ti el éxito.

El dinero influye en tu sensación de seguridad

El objetivo fundamental del establecimiento de límites es sentirnos más seguros. Pocas cosas afectan tanto a tu sensación de seguridad en este mundo como tu relación con el dinero. Esta relación influirá positivamente en tu bienestar y tus relaciones si te sientes seguro económicamente. Si no es así, puedes experimentar altos niveles de estrés, lo que repercutirá negativamente en tu salud y creará conflictos en tus relaciones. El trabajo se aborda en este capítulo, ya que constituye la principal fuente de ingresos para la mayoría de las personas. Este capítulo aborda también el trabajo no remunerado, porque estas contribuciones suelen suscitar pensamientos y sentimientos en torno al dinero.

Los problemas más frecuentes con los límites sobre el trabajo o el dinero consisten en evitar completamente establecer límites en estos ámbitos o, por el contrario, en obsesionarse con ellos. La verdad es dialéctica. Tener dinero es importante en el mundo físico para que te sientas estable y con los pies en la tierra. Pero, por supuesto, no es lo más importante: el dinero no puede comprarte más tiempo y solo tiene un determinado impacto en tu salud. Precisamente por eso tus límites en torno al trabajo y al dinero están intrínsecamente relacionados con los de tu tiempo y tu salud. Si no pones límites al tiempo que dedicas a ganar más dinero o a trabajar más, te perderás lo que más te importa y pondrás en peligro tu salud.

Los modelos tradicionales de éxito no funcionan para todo el mundo

Tanto tu identidad como el concepto que tienes de tu propio valor suelen estar ligados a tu trabajo y a tus finanzas. Es comprensible que adquieras confianza gracias a tu carrera o tus logros. Sin embargo, es importante saber que, al margen de estos factores, tu auténtico yo es intrínsecamente valioso. Las personas con límites porosos en torno al trabajo suelen obsesionarse con el rendimiento y los logros. Esto tiene sentido sobre todo porque a la mayoría de los niños se les enseña un modelo específico de éxito: notas altas, felicitaciones y becas. En la edad adulta, el modelo tradicional consiste en trabajos estables, ascensos y aumentos de sueldo.

Muchas personas con límites porosos se han esforzado arduamente para conseguir lo que sus familias o su cultura les dijeron que «debían» llegar a ser. Sin embargo, cuando alcanzan la cima de sus logros con el título, el puesto de trabajo o el estatus económico, a menudo siguen sintiéndose infelices y perdidas. También suelen necesitar apoyo para asimilar el dolor que surge cuando siguieron el camino «correcto», pero este acabó siendo inadecuado para ellas.

El modelo de éxito que nos enseñaron a la mayoría nos hace creer que hay caminos buenos y malos para la carrera profesional. Crea la ilusión de que puedes seguir una fórmula específica y tener éxito. Sin embargo, cuando alguien tiene límites sanos, sabe que el éxito está ligado a su autenticidad. No hay nadie que pueda proporcionarte la hoja de ruta para tu propia realización personal. Por eso, cultivar una conexión con tu intuición puede tener muchos beneficios tangibles, aparte del apoyo emocional.

Eres suficiente

Es importante poner límites a la idea presente en varias culturas, incluida la de los países occidentales, de que tu valía proviene de tu trabajo. En las ajetreadas sociedades modernas, la gente suele pensar que no hace lo suficiente. Esto es un signo de límites porosos en torno a la productividad. El miedo a no hacer lo suficiente pone de manifiesto que, en el fondo, esa persona cree que *ella* misma no es suficiente. Esta idea se ve reforzada por las historias de individuos que triunfaron «sin ayuda de nadie», que a menudo omiten mencionar el apoyo que recibieron, quizá en forma de dinero o de conexiones familiares. Estas historias pueden transmitir el mensaje nocivo de que si no «lo has logrado» es porque no te estás esforzando lo suficiente. En realidad, hay muchas razones complejas para el éxito y muchas versiones del éxito auténtico.

Cuando alguien no pone límites a su trabajo, la ansiedad y la vergüenza suelen obligarlo a trabajar más. Lamentablemente, se trata de un círculo vicioso. Nunca descubrirás tu propio valor trabajando a todas horas. Al contrario, desarrollarás una mayor confianza en ti cuando pongas límites a esta actitud de «estar siempre disponible». Cuando reconozcas que todos los cuerpos humanos –incluido el tuyo– necesitan descansar y que no es un «lujo» ni una muestra de «egoísmo» tomarse descansos, estarás en camino de establecer límites saludables en torno al trabajo.

Establecer estos límites no te convierte en una persona perezosa o mezquina. Tener tiempo, salud y dinero son derechos básicos que puedes proteger con límites. Los únicos para los que tienes la responsabilidad de aportar tu dinero son tus hijos dependientes. E incluso ahí, es importante poner límites. Hay mucha gente con límites porosos en torno al dinero que vive descuidándose a sí misma, independientemente de si tiene dinero o no.

Aborda las vulneraciones de los límites monetarios externos

Las infracciones habituales de los límites externos se producen cuando una persona controla tu dinero o te lo retiene. Tener acceso al dinero en tu relación es esencial para la seguridad y la autonomía. Si tu pareja te niega el dinero, es una forma de maltrato. Si puedes comunicarle con seguridad tu necesidad de disponer del dinero, hazlo. Si no es así, podéis plantearos asistir juntos a terapia para encontrar el equilibrio y más seguridad en vuestra relación. También es importante mantener la seguridad ajena respetando el derecho de los demás a tomar decisiones sobre cómo gastar su dinero, aunque tu manera de pensar sea diferente.

Establece y aplica límites en tu entorno laboral

Mucha gente tiene miedo o se siente intimidada a la hora de establecer límites en el trabajo. Hay que tener mucho valor para establecer límites en tu ámbito laboral, pero es tremendamente importante. Sin límites en tu trabajo, inevitablemente te quemarás o te enfrentarás a crisis de salud mental o física. Tienes derecho a establecer límites en el trabajo, a fin de tomar las decisiones adecuadas para ti y tu bienestar.

Lamentablemente, en algunos trabajos se transgreden estos límites y se espera que ignores tus necesidades, valores, tiempo y salud por el bien de la empresa. Una clara señal de ello es que te tachen de problemático si expresas tus necesidades o límites a la dirección. Tal vez te digan que lo único que necesitas es echarle más «ganas» al trabajo. A veces también se da una hipocresía generalizada: tu empresa habla mucho de salud mental e incluso imparte talleres sobre cómo prevenir el *burnout*. Sin embargo, todo esto es de boquilla y en la práctica te exigen que respondas constantemente a las llamadas, ¡incluso durante las vacaciones!

A pesar de las dificultades, *puedes* influir para que se produzca un cambio importante. Cuanto más a menudo defiendan sus intereses los empleados –durante el proceso de entrevista y a lo largo de su vida laboral–, más empoderados estarán. Cuando tienes una plantilla empoderada, esta aboga de forma natural por el equilibrio y la integridad. La intención colectiva de establecer límites en torno al trabajo favorece el bienestar de todos y convierte el entorno laboral en un espacio más alegre.

Escribe un mantra útil sobre el dinero

La mente humana tiende a buscar pruebas que demuestren lo que ya cree. Este fenómeno se denomina *sesgo de confirmación* y a él se debe que, de manera espontánea (y, normalmente, inconsciente), busques «pruebas» que confirmen lo que crees sobre el dinero. A su vez, estas creencias influyen en tus emociones, tus acciones y tu vida cotidiana. Cuando se trata de creencias favorables, sientes paz interior. Sin embargo, cuando las creencias sobre el dinero son negativas, causan ansiedad, estrés y problemas en las relaciones. Con esta actividad, identificarás una creencia sobre el dinero que no te sirva y crearás una nueva que esté en consonancia con tu auténtico futuro ideal.

Herramientas:
Papel y bolígrafo
Nota adhesiva (opcional)

Pasos:
1 Piensa en algún suceso doloroso relacionado con el dinero que sucediera durante tu infancia. Escoge uno solo por ahora; puedes repetir esta actividad más adelante si es necesario. Algunos ejemplos de acontecimientos dolorosos relacionados con el dinero son que tu familia se arruine, que el dinero de la herencia la separe o que no tenga suficiente dinero para comer a diario. O puede que tengas heridas emocionales basadas en acontecimientos que no viviste personalmente, como abuelos que crecieron durante la posguerra y que luego pueden haberte transmitido ansiedad en torno al dinero. Si tienes dificultades para reconocer alguna experiencia dolorosa, piensa en lo que te inculcaron sobre el dinero

durante tu niñez. Estos mensajes pueden haberse expresado directamente o no. Algunos ejemplos son mentalidades como: «Hay que ahorrar hasta el último céntimo», «Querer ganar más de lo "justo" es de gente avariciosa» o «El dinero no cae de los árboles, cuesta mucho ganarlo». Sea lo que sea lo que te venga a la mente, confía en ello. Escríbelo en la parte superior de la página.

2 Debajo de ese acontecimiento o mensaje, escribe cómo ha influido esta experiencia o mensaje en tu relación con el dinero. Por ejemplo, puede que ahorres obsesivamente debido a un trauma monetario o que gastes sin límites, creyendo que «lo que fácil viene, fácil se va». Añade notas sobre cómo este mensaje o acontecimiento afectó a tu sensación de seguridad. ¿Cuáles son las consecuencias a largo plazo de estas acciones? Por ejemplo:

- Si crees que «nunca hay suficiente» dinero, es posible que trabajes a todas horas. Quizá no estés en casa muy a menudo con tus hijos y desatiendas el autocuidado. Tu salud a largo plazo puede resentirse por descuidarte. Tal vez un día te arrepientas de no haber visto crecer a tus hijos.

- Si crees que el dinero es «malo», es probable que intentes rechazarlo. Sin embargo, al estar sin dinero, te preocuparás constantemente por cómo pagar las facturas. A largo plazo, este estrés podría ser nocivo para tu salud y, además, no dispondrás de ahorros en caso de emergencia o para cuando envejezcas. Esto creará un ciclo negativo, que alimenta una ansiedad comprensible.

3 Al final de la página, escribe lo que te gustaría creer en lugar de eso. Piensa en la imagen de tu yo futuro que has obtenido en el ejercicio «Escribe la historia de tu yo futuro», de la página 54. Para tener esta vida, ¿qué debes creer sobre

el dinero? Por ejemplo: «Tengo suficiente dinero. Querer la seguridad de tener dinero es comprensible. Cuando me apasiona mi trabajo, el dinero fluye hacia mí. Tengo derecho a ganar dinero y a quedarme con una parte».

4   Escribe un mantra de esta nueva creencia y rodéalo con un círculo. Por ejemplo, podrías decir «Tengo dinero más que suficiente para cuidarme y disfrutar de mi vida o Puedo desear dinero y seguir siendo una buena persona». Si lo deseas, escribe este mantra en un papel aparte o en una nota adhesiva y cuélgalos cerca de tu lugar de trabajo. Cuando sientas que tu antigua creencia aparece en tu mente, tus emociones o tus acciones, ponle límites afirmando tu nuevo mantra.

Crea una rutina de gastos acorde con tus valores

Antes de desarrollar límites sanos la gente suele tener una relación de «todo o nada» con el dinero. En un extremo están las personas que temen perder todo su dinero, por lo que su relación con él es controladora y restrictiva. En el lado opuesto están quienes tienen una relación tan despreocupada con el dinero que lo sienten como granos de arena que se les escurren entre los dedos en cuanto llega a sus manos. Con esta actividad, descubrirás un auténtico equilibrio en tu derecho innato a elegir cómo gastar tu dinero.

Pasos:

1 Tómate un momento para contemplar lo que el dinero representa para ti, como seguridad, libertad, aventura y diversión.

2 Vuelve a imaginarte la burbuja del ejercicio «Visualiza tus límites», de la página 28. Expulsa fuera de ella, si es necesario, los miedos, inseguridades o juicios de los demás sobre el dinero.

3 Reflexiona ahora sobre tus valores principales del ejercicio «Identifica tus valores», de la página 114. (Si aún no has realizado esta actividad, este es el momento de hacerla).

4 Teniendo en cuenta tanto tus valores como lo que el dinero representa para ti, haz una lluvia de ideas para elaborar una lista de aquello en lo que tiene sentido gastar tu dinero. No hay una forma correcta o incorrecta de responder. Se trata de lo que te parezca adecuado. Ten en cuenta también tu presupuesto personal. (Si crees que aún no ganas lo suficiente, consulta la actividad «Negocia un salario justo o un aumento de sueldo», en la página 211). Aquí tienes algunos ejemplos:

• Valoro el tiempo con la familia, y el dinero representa libertad. Tiene sentido contratar a una asistenta mensual para poder dedicarle más tiempo a la familia, ya que francamente me lo puedo permitir.

- Para mí el dinero representa seguridad, y yo valoro la aventura. Necesito saldar deudas para sentirme más seguro y, potencialmente, tener más flexibilidad en el tipo de trabajo que puedo realizar para viajar más.
- Valoro la salud, y para mí el dinero representa diversión. Voy a gastarme algo de dinero en una clase de baile.

5 Con tus valores y tu significado personal del dinero en mente, haz ahora una lluvia de ideas sobre dónde deberías poner límites a tus gastos. Por ejemplo:

- Valoro la aventura, por lo que tiene sentido recortar mis suscripciones a plataformas de *streaming* porque tiendo a pasar los fines de semana en casa viendo series.
- Valoro la autenticidad. Voy a disminuir las compras que hago en ropa o tecnología para aparentar que estoy «a la altura» de los demás.

6 Toma medidas para alinear tus hábitos de gasto con tus verdaderos valores en la vida y en torno al dinero. Para ayudarte, puedes crear una lista de preguntas que hacerte antes de comprar algo por Internet. Por ejemplo, si valoras la sostenibilidad, antes de adquirir cualquier artículo puedes preguntarte: «¿Tengo ya algo que pueda utilizar para el mismo fin?». O bien podrías emplear un recordatorio visual, como poner una pequeña pegatina que represente uno de tus valores en tu tarjeta de crédito. Si valoras la libertad, tal vez una pegatina de un ave te ayude a mantener presente tu deseo de pagar las deudas. Puede que sigas sintiendo culpa incluso cuando gastas de manera auténtica. Eso es totalmente comprensible, y podrías sentirte culpable aun cuando estés haciendo lo que para ti es correcto.

Págate primero a ti mismo

Existen numerosas razones por las que alguien puede tener una relación desequilibrada con el dinero. Es posible que se sienta obligado a gastar su dinero en sus seres queridos o responsable de hacerlo, o que le aterre perder dinero hasta el punto de vivir una vida de privaciones. En esta actividad, examinarás los límites que quizá tengas que ponerte con el fin de proteger tu bienestar financiero y emocional y asegurarte de mantener una relación sana y dichosa con el dinero.

Pasos:

1 ¿Qué sientes cuando no tienes suficiente dinero? Puede ser literalmente no tener bastante o la sensación de que, por mucho dinero que logres, no es «suficiente». Es posible que tengas sentimientos de estrés, agobio, ansiedad, apego, desesperación o pánico.

2 Una relación sana con el dinero es equilibrada. Si no tienes el hábito de ahorrar dinero o de gastarlo en ti mismo, date cuenta de la importancia de esto.

3 Comprueba las razones por las que crees que ahorrar en este momento no es una opción. O si tu relación es más restrictiva, valida las razones por las que gastar dinero en disfrutar no te parece posible. Quizá también necesites valorar cualquier trauma monetario que afecte a tu sensación de que no puedes ahorrar –o gastar– tu dinero. Empezaste a analizar esto en la primera actividad de este capítulo.

4 Si te cuesta conservar el dinero, establece límites al respecto. Abre una cuenta de ahorro de alto rendimiento. Comprométete a pagarte primero a ti siempre que consigas dinero, aunque al principio solo sean unos cuantos dólares.

Se trata de un acto esencial de autocuidado y amor propio. Visualiza el alivio que sentirás al tener dinero ahorrado, sabiendo que, aunque estés en un mal entorno laboral o sentimental, no tienes por qué permanecer ahí. Tener tu propio dinero es tremendamente enriquecedor.

5 Si te cuesta gastar el dinero en disfrutar, piensa que el dinero es una herramienta que te permite experimentar la riqueza de la vida, que te mereces plenamente (aunque aún no lo sientas así). Piensa en algo agradable en lo que gastar tu dinero. Al principio puede ser algo pequeño, como salir a comer fuera una vez a la semana. O, si te sientes más cómodo, podrías ahorrar para un viaje que siempre has querido hacer. Nota la alegría y el alivio de utilizar la herramienta del dinero para disfrutar de la riqueza de la vida en el poco tiempo del que dispones.

Reconoce tu potencial de ganancias

Las personas con límites porosos en torno a su trabajo y su dinero suelen estar mal pagadas. A veces, incluso trabajan gratis. Esto puede deberse a que se sienten culpables o inseguras de cobrar el salario adecuado por su trabajo. Este ejercicio está pensado para aumentar tu confianza calculando lo que tienes derecho a ganar.

Herramientas:
Calculadora

Papel y bolígrafo

Dispositivo electrónico con acceso a Internet (opcional)

Pasos:

1 Escribe tu salario actual por hora o bien tu sueldo mensual o anual. Algunos consejos si esa cifra no está fácilmente disponible:

- Si aún no trabajas, pero te estás preparando para entrar en el mercado laboral, busca el salario medio de un trabajo de tu nivel en tu localidad y utiliza esa cifra. Esto se aplica también al trabajo creativo. Si elaboras tarjetas hechas a mano, por ejemplo, visita varias tiendas *online* para ver lo que cobran los demás.

- Si tu contribución al mundo no es remunerada, por ejemplo como padre o madre que se queda en casa o como voluntario, enumera las habilidades necesarias para ello, como cocinar, organizar eventos o llevar la contabilidad. A continuación, busca en Internet el salario medio de un trabajo en una de estas funciones.

2 Anota cualquier formación o educación que hayas realizado para prepararte para tu trabajo. Incluye cuánto invertiste en él, tanto económicamente como en términos de tiempo y esfuerzo. También puedes anotar cualquier formación informal que hayas realizado, como una investigación exhaustiva sobre temas para desarrollar o reforzar tus habilidades. Suma las horas que has dedicado a prepararte. Ten en cuenta que estas horas invertidas confirman tu derecho a ganar al menos el salario medio, si no más. Recuérdate que tu experiencia y tu tiempo se merecen un respeto, tanto si trabajas fuera de casa como si no. Si vulneras tus propios límites dudando de tu derecho a cobrar por tu tiempo y tu experiencia, revisa el salario que determinaste y las horas de preparación según sea necesario para reforzar tu confianza.

3 Determina ahora cuántas horas trabajas en realidad a la semana. Los puestos asalariados suelen basarse en cuarenta horas semanales, pero puede que trabajes más que eso. Si le dedicas tiempo no remunerado, por ejemplo llevando trabajo a casa, estás diluyendo el salario que te corresponde. Ejemplo: supongamos que ganas veintiocho euros a la hora por un trabajo de cuarenta horas semanales. Sin embargo, a menudo te sientes atrasado, así que te llevas trabajo a casa que supone quince horas más a la semana. Esto significa que solo ganas veinte euros por hora. ¿Qué sentimientos afloran cuando notas que se diluye el salario que te corresponde? Si sientes ira justificada, esta es tu señal para establecer límites en torno a tu tiempo para proteger tu dinero y tus contribuciones.

4 Evalúa qué pasos dar a continuación. Por ejemplo:
   • Si sientes que no puedes terminar tu trabajo en el tiempo que se supone que te corresponde, fíjate en si se trata de un problema sistémico en tu empresa. Tal vez necesiten

contratar a más gente o al menos compensarte por la cantidad de trabajo que te han dado.

* Si tu trabajo no está remunerado y te estás exigiendo demasiado, es una oportunidad para dividir y repartir las cargas de trabajo. Quizá necesites comunicarte con tu pareja para que contribuya más en casa. Si tienes hijos, puedes proporcionarles tareas adecuadas a su edad para que contribuyan.

Las transgresiones son propias de la naturaleza humana

Las transgresiones de los límites ocurren, en parte, por la naturaleza humana. Por naturaleza, el ser humano tiene tendencia a gastar la menor cantidad de energía posible y obtener la máxima recompensa. Incluso sin proponérselo, muchas personas —y empresas— intentarán sacarte todo lo posible a cambio de lo mínimo.

Haz preguntas inteligentes en la entrevista

Formular las preguntas adecuadas durante una entrevista de trabajo es una buena forma de averiguar si una empresa o un puesto de
trabajo se ajustan a tus necesidades y a tus límites. En esta actividad,
identificarás preguntas que te ayudarán a comprobar si un posible
empleador es adecuado para ti.

Pasos:

1 Piensa en tus tres formas principales de sentirte respetado y
valorado en el trabajo. Podrían consistir en una trayectoria
clara hacia la promoción, un horario flexible o un equilibrio
entre la vida laboral y la personal. Para encontrar la felicidad en el trabajo, debes considerarlas imprescindibles y no
negociables.

2 Formula preguntas para determinar si estas necesidades
pueden satisfacerse. Aquí tienes algunos ejemplos.

- Si valoras el equilibrio, podrías preguntar: «¿Cómo se
evita el agotamiento de los empleados?» o «Si a un empleado se le asigna más trabajo del que es posible completar durante su horario previsto, ¿cómo se aborda esta
situación?».

- Si valoras la flexibilidad, podrías preguntar: «Si necesito
cambiar mi horario en el futuro, ¿cómo se gestionaría?» o
«¿Tengo la posibilidad de hacer teletrabajo?».

3 Presta atención a las palabras que utiliza el entrevistador. Un
empresario que exprese la necesidad de «lealtad», de «hacer
lo que sea necesario», de «ir más allá» o de «implicarse al
máximo» podría estar transmitiendo señales de que no ofrece una relación equilibrada y respetuosa con sus empleados.

4 Confía en tu instinto. Tus posibles empleadores pueden transmitirte un mensaje absolutamente correcto y aun así podrías tener la impresión de que no son del todo sinceros.

Haz realidad tus sueños

Para conseguir la vida con la que sueñas necesitas dinero. Sea lo que sea lo que hayas imaginado, esto es indiscutible, porque el dinero es necesario en nuestro mundo material, al menos hasta cierto punto. En este ejercicio, te empoderarás para crear la vida de tus sueños por medio de tus decisiones sobre el dinero y el trabajo.

Herramientas:
Papel y bolígrafo o un bloc de dibujo digital

Pasos:

1 Dibuja una línea recta horizontal en tu hoja de papel: esto representará una línea de tiempo. A la derecha de la línea, describe la vida con la que sueñas. (Puedes consultar el ejercicio «Escribe la historia de tu futuro yo» en la página 54). Crea viñetas con todas las características de esta vida, como por ejemplo cómo te imaginas tu casa, dónde vives, cómo te vistes, qué alimentos comes y cómo y con quién pasas el tiempo.

2 ¿Qué áreas de tu vida soñada tienen relación con el dinero? ¿Y cuáles con el trabajo? Rodea con un círculo todos estos puntos.

3 Al observar lo que has rodeado con un círculo, ¿te parece que todo eso está alineado con tus auténticos valores? Si está en consonancia con tu visión de futuro, estupendo. Continúa con el siguiente paso. Si no, entiende que es comprensible que suceda eso. Al principio, cuando empiezas a plantearte la vida de tus sueños, muchas veces está llena de elementos que crees que «deberías» querer, pero que no coinciden con lo que realmente es más importante para ti.

Por ejemplo, quizá cuando lo pienses, te darás cuenta de que conseguir un ascenso en el trabajo te va a impedir pasar más tiempo con tus hijos, algo que valoras mucho. Si notas alguna disonancia, significa que estás desarrollando una conciencia más auténtica, y esto es estupendo. Tacha todo lo que no esté alineado. Siempre puedes decidir trabajar en ello más adelante si tus valores o tus necesidades cambian, pero por ahora permítete disfrutar de la paz de aclarar tu visión.

4 Afirma que ya estás empezando a vivir la vida de tus sueños escribiendo los pasos positivos que has dado en el extremo izquierdo de tu línea de tiempo.

5 ¿Hay algo más de tu lista de sueños que ya puedas incorporar a tu vida, aunque sea en pequeñas cosas? Muchos nos estancamos en el pensamiento automático e interminable de que «no es el momento adecuado» para la vida que realmente queremos. Este pensamiento, comprensible pero poco útil, hace que en muchos casos esperemos indefinidamente para vivir de una forma auténtica. Escribe los pequeños pasos que puedes dar a continuación, anotándolos en la línea de tiempo a la derecha de los pasos que ya estás dando. Aquí tienes un ejemplo: en la parte izquierda de tu página afirmas que has empezado a tomarte tus días libres en lugar de renunciar a ese tiempo que te has ganado. Puede que aún no puedas permitirte trabajar solo cuatro días a la semana; sin embargo, podrías utilizar los días de vacaciones para tomarte un día libre al mes. Entonces, quizá te des cuenta de que para bajar a cuatro días laborables a la semana, primero tendrás que pagar la deuda de tu tarjeta de crédito. Anótalo como otra marca en tu línea de tiempo, como un objetivo futuro para llegar a tu meta final de cuatro días de trabajo a la semana, que aparece a la derecha de la línea.

6 Comprométete a dar un pequeño paso de acción para acercarte a la vida de tus sueños. Si hay algo que necesites programar, por ejemplo vacaciones o un masaje, hazlo para completar este ejercicio. Reafírmate: ¡este es un trabajo importante! Cada paso que das en la dirección de tu auténtica vida soñada la acerca más a tu realidad.

Negocia un salario justo o un aumento de sueldo

Muchas personas con límites porosos han experimentado el dolor de enterarse de que ganan menos que otros en el mismo puesto porque al aceptar un nuevo trabajo no se hicieron valer exigiendo un salario justo. Si prestas un servicio, respeta tu salario justo, incluso con tus amigos. Es una vulneración de los límites que esperen de ti que trabajes gratis o por menos de lo que te mereces. Si buscas trabajo, permite que este salario respetuoso no sea negociable. De lo contrario, más tarde te sentirás resentido. Esta actividad te dará la oportunidad de ensayar una negociación económica comunicándote de forma asertiva.

Pasos:

1   Primero, determina qué sueldo o salario te haría sentir respetado en tu trabajo (o en un proyecto). Observa la diferencia que sientes emocionalmente entre considerar lo que te haría sentir respetado y lo que te pagan actualmente.

2   Cuando hables del salario **durante el proceso de la entrevista**, di algo como: «Agradezco esa oferta, pero necesito acercarme a _____ [cifra mayor que la no negociable]». Debes defenderte para contrarrestar esa tendencia, tan humana, que mostrarán los representantes de la empresa (sacarte todo lo que puedan a cambio de lo menos posible). Los empresarios esperan negociar, así que indica una cifra superior a tu salario ideal. Si un empresario te rechaza, ha revelado que no es una buena opción para ti, ya que estás iniciando esta relación desde una posición demasiado abnegada.

3   Si ya tienes trabajo, es esencial que **abogues por un aumento de sueldo**. Tal vez tengas miedos o sentimientos de culpa comprensibles, pero eres la única persona que puede

proteger tu bienestar económico. Utiliza este esquema como ayuda:

• Di o escribe por correo electrónico: «Necesito mi evaluación anual antes de _____ [indica una fecha dentro del mes]».

• Antes de la reunión, si es posible, averigua el tope anual de aumentos (puede estar en el manual del empleado).

• Durante la reunión, anota el tiempo que llevas trabajando allí y los logros que has conseguido. Por ejemplo, si has estado haciendo el trabajo de otros mientras eliminaban funciones, coméntalo. Di: «Basándome en este aumento de trabajo (o logros), necesito que me suban el sueldo. Espero [indica el máximo que ofrecen anualmente]». Ahora puedes negociar.

• Si rechazan tu solicitud de evaluación o aumento, independientemente de las justificaciones, se están infringiendo tus límites. Se vulneran tus límites económicos cuando no se te ofrecen oportunidades de promoción profesional, incluidos los aumentos, o si se ponen barreras, como penalizarte por pedir la baja por maternidad. Este empresario ha demostrado que no valora una relación solidaria y de mutuo acuerdo entre ambos. Concede prioridad a tu bienestar por encima del empresario. Actualiza tu currículum y busca una empresa que te trate con más respeto. Puede que al principio te parezca mucho esfuerzo, pero piensa en el alivio que sentirás en el futuro al sentirte valorado... y ganar más dinero.

¿Un aumento de sueldo o un nuevo trabajo?

Muchos empresarios justifican no dar aumentos, así que asegúrate de barajar otras opciones. El Pew Research Center ('centro de investigación Pew') llegó a la conclusión en 2022 de que las personas que permanecieron en su empresa actual entre abril de 2021 y marzo de 2022 vieron cómo su salario «real» (tras ajustarlo a la inflación) descendía un 1,7 % para el trabajador medio. Pero el salario real de la mitad de los que cambiaron de empresa aumentó al menos un 9,7 %.

Crea tu auténtica definición de éxito

En una cultura que hace hincapié en la riqueza y la productividad es fácil ligar tu identidad a tu carrera o situación económica. Sin embargo, esta es una forma muy frágil y precaria de vivir. Al fin y al cabo, si tu trabajo o tu dinero se ven amenazados, sufrirás una crisis de identidad. Para protegerte, es importante que descubras tu propia definición del éxito. Harás precisamente eso en esta actividad.

Herramientas:
Papel y bolígrafo

Pasos:

1 Divide el papel en tres columnas. En la primera, anota lo que aprendiste que «deberías» querer durante tu infancia. ¿Qué aprendiste sobre el éxito? ¿Aprendiste que ciertas carreras o caminos eran válidos y otros no? ¿Cómo afectaron estos mensajes a la relación que mantenías con lo que te apasionaba?

2 En la segunda columna, analiza cómo influyeron estos mensajes en tu trayectoria profesional. Quizá te esforzaste mucho para conseguir el trabajo que «deberías» tener, pero ahora te sientes vacío. ¿Influyeron estos mensajes en tu economía? Si aprendiste que lo que haces no es un «trabajo de verdad», puede que te cueste cobrar el salario que mereces. ¿La carrera profesional que has elegido afecta a tu autoestima?

3 En la tercera columna, intenta escribir una definición más auténtica del éxito que se base en tus valores, no en lo que oíste durante tu niñez. Aunque el trabajo y el dinero forman parte de tu vida, tú también eres más que eso. Para sentirte feliz –y tener éxito– es importante vivir de acuerdo con tus auténticos valores. ¿Cuál es tu versión del éxito? Por ejemplo, tu verdadera definición de éxito podría incluir tu trabajo junto con cuestiones como sanar de un trauma, ser un buen padre o madre o aprender a ser feliz.

Habla con tu pareja sobre el dinero

A menudo el tema económico es una fuente de conflictos para numerosas parejas. Esto suele ocurrir porque cada persona tiene objetivos distintos de gasto y ahorro, o experiencias y valores diferentes en torno al dinero. Si a esas diferencias se añade una comunicación poco clara sobre el tema, es fácil ver cómo se desarrolla un conflicto.

En esta actividad, adquirirás habilidades de comunicación que te ayudarán a ti y a tu pareja a exponer con más claridad vuestras necesidades en torno al dinero. Esto permite una mayor intimidad y comprensión, al tiempo que se llega a los compromisos necesarios para que ambos podáis vivir el futuro que deseáis.

Pasos:

1 Pregúntale a tu pareja qué representa el dinero para ella; dedica un tiempo para hablar de esto. Si te dice que no está segura, ofrécele ejemplos para ayudarla a entenderlo mejor. Solemos ver el dinero como una fuente de libertad, seguridad o diversión.

2 Cuando termine de hablarte, cuéntale lo que el dinero representa para ti. Es probable que la visión que tiene tu pareja de este tema sea distinta de la tuya. Es muy raro que esto se ajuste perfectamente, y por eso el dinero suele dar lugar a discusiones. Comprende que estas diferencias son naturales y que pueden solventarse.

3 Pregúntale a tu pareja cuáles son sus mayores objetivos o necesidades en torno al dinero. Mantén la curiosidad y sé receptivo. Insisto en que no pasa nada si su respuesta es distinta de la tuya. (En el caso de que no tengas pareja, pero vivas con tus padres, por ejemplo, quizá haga falta aclarar

si esperan que pagues el alquiler o cuándo tienes pensado mudarte).

4   Reconoce que esos asuntos tienen su importancia. A continuación, expón los que te interesan. Aunque ahora mismo no estés ganando dinero, sigue siendo importante preocuparte por tu bienestar a largo plazo en caso de enfermedad, muerte o divorcio.

5   Si vuestras necesidades u objetivos coinciden, estableced un plan para alcanzarlos juntos. Asegúrate de revisar de vez en cuando las necesidades y los límites de vuestra relación, aunque tendáis a estar de acuerdo,

6   Si vuestros objetivos difieren, recuerda que para que los límites sean sanos han de ser flexibles. Es importante transigir siempre que sea posible. También tienes la responsabilidad de permitir que otros puedan sentirse seguros contigo, lo que significa que no tienes derecho a controlar o dictar los gastos de tu pareja. Lo que podéis hacer es negociar juntos:

- En primer lugar, poner límites a cualquier sentimiento de culpa u obligación que podáis sentir por satisfacer las necesidades del otro por encima de las individuales.

- En segundo lugar, establecer formas de satisfacer cada objetivo mediante el compromiso y la planificación. Por ejemplo, si tú quieres pagar una deuda y tu pareja quiere irse de vacaciones al extranjero, buscad formas de llegar a un acuerdo. Tal vez podáis acordar que la paga principal de cada uno se destine a saldar la deuda de la tarjeta de crédito. Como extra, podéis aseguraros de que utilizáis tarjetas que os proporcionen recompensas por viajar. Luego podríais acordar que todo lo que ganéis de más, por ejemplo con un trabajo extra, se destine a ahorrar para las vacaciones.

¿Qué es la infidelidad financiera?

La infidelidad financiera se produce cuando uno de los miembros de la pareja miente sobre las compras u oculta ingresos o deudas. Cuando esto ocurre, a menudo se destruyen los sentimientos de confianza y seguridad en la relación. Reconstruir la confianza es un proceso complejo. Si tienes dificultades para reconstruir la confianza, pide ayuda a un terapeuta de pareja.

Evita (o gestiona) el *burnout* por trabajar demasiado

¿Estás agotado? Muchas personas, sobre todo las que rondan los cuarenta, afirman que es como si se hubieran estampado contra un muro. No pueden funcionar al nivel sobrehumano al que estaban acostumbradas y a veces no tienen energía ni para levantarse de la cama o lavarse los dientes. ¿Te has sentido alguna vez así de agotado?

La cultura estadounidense y la de muchos otros países industrializados tiende a pasar por alto la prevención de los problemas de salud mental o física en aras de la productividad. La opinión predominante es que es comprensible tomarse tiempo libre si se enferma de algo grave, como el cáncer, pero no para descansar a fin de prevenir la enfermedad; eso se considera una muestra de «pereza» o «egoísmo». Lamentablemente, esta actitud refuerza los límites porosos en torno al tiempo y el trabajo, que luego conducen al agotamiento y la enfermedad. En esta actividad, aprenderás a evitar (o gestionar) el *burnout*.

Pasos:

1 Reconoce los mensajes a los que te aferras y que juzgan negativamente tomarte tiempo libre. Pon límites a miedos internos como el de ser «vago» por tomarte un tiempo para descansar. Puede que también tengas que ponerle límites a ese hábito de buscar la autoestima en lo mucho que trabajas o lo poco que duermes. Puedes volver a consultar el ejercicio «Establece límites internos para estar seguro contigo mismo», en la página 35, a fin de recordar este proceso.

2 Si es posible, programa tiempo libre en el trabajo.
   • Si enseguida te dices que no puedes hacerlo, expón las razones por las que no. Para animarte, ten en cuenta que

las investigaciones demuestran que los empleados que se toman menos de diez días libres al año tienen un 34,6% de probabilidades de conseguir un aumento o un ascenso ¡sin embargo, los que se toman más de diez días libres, tienen un 65,4% de probabilidades de conseguir un aumento o un ascenso!

- Si tu trabajo no es remunerado, como el de ama de casa, considera la posibilidad de tomarte tiempo para ti. Quizá sea difícil superar las razones por las que esto no es posible, pero ten presente que si te agotas, no estarás disponible para tu familia durante periodos mucho más largos si necesitas tiempo para recuperarte.

3   Si duermes menos de siete horas habitualmente, prioriza tu necesidad de sueño. Las investigaciones demuestran que la falta de sueño tiene muchas consecuencias negativas, como un mayor riesgo de obesidad, depresión, problemas de memoria, deterioro de la toma de decisiones, aumento de los conflictos en las relaciones e incluso insuficiencia cardiaca. Por ejemplo, cuando veas la tele por la noche puedes poner un temporizador para asegurarte de que ahora te acuestas veinte minutos antes. El autocuidado constante te permite ofrecer lo mejor de ti a tus seres queridos y a tu trabajo. Pero para que perdure, los cambios deben hacerse poco a poco y de manera llevadera.

4   ¡Estás teniendo el valor de poner límites a la cultura del ajetreo! Reafírmate cuando lo necesites con estas afirmaciones (o las que desees): «Descansar y dormir es una necesidad humana básica. Doy lo mejor de mí a lo que valoro cuando estoy bien descansado. Tengo derecho a no trabajar en este momento. Tengo derecho a descansar y dormir».

Tercera parte

Protege tus relaciones

Aprender a establecer límites con los demás de forma eficaz pero amable es la razón principal por la que muchos inician su andadura en el establecimiento de límites. En la primera y segunda parte de este libro sentamos las bases para que ahora puedas proteger tus relaciones. A partir de ahora tomarás lo que has aprendido sobre tus necesidades, deseos y límites auténticos para expresarte clara y honestamente con los demás, respetándolos.

El objetivo principal de esta tercera parte es el equilibrio. En ella aprenderás a cultivar relaciones interdependientes que tengan límites sanos sin perder de vista la cercanía y el apoyo. Esto es lo contrario de las relaciones en las que los sentimientos o las necesidades de otra persona pueden llegar a obsesionarte, lo que a veces se denomina *codependencia*. Asimismo, es lo contrario de ser excesivamente independiente, ya que esto impide una intimidad auténtica. Aquí equilibrarás una sensación de confianza y seguridad al tiempo que te muestras lo bastante vulnerable.

Esta parte empieza con tu familia, porque estas relaciones suelen tener una mayor carga emocional a la hora de establecer límites. Dado que la culpabilización es una vulneración habitual de los límites en las familias, la trataremos en dos actividades separadas. A continuación, te centrarás en los límites en las relaciones íntimas, lo que incluye asegurarte de que se respetan tus límites sexuales. Por último, establecerás límites para proteger tus amistades y relaciones en general, a fin de permitirte ser auténtico con los demás de un modo que te haga sentir seguro. En cada uno de estos capítulos, se te invitará a utilizar habilidades de comunicación asertiva. Para repasar y practicar, vuelve al ejercicio «Afirma tus límites», en la página 42.

Capítulo 8

Protege tus relaciones familiares

Muchas personas llegan a la edad adulta con claras heridas emocionales de su infancia debido a que su familia no comprendió ni respetó los límites. Si ese es tu caso, ten presente que el hecho de tomar ahora una decisión diferente demuestra una gran valentía por tu parte. Si tienes traumas infantiles claros de tu familia, tómate los descansos que necesites a lo largo de este capítulo y plantéate recibir el apoyo extra de un terapeuta. Cuando profundizas en tu mentalidad actual y en cómo se formó, es natural que las cosas empeoren un poco antes de mejorar. Buscar más ayuda, si sientes la necesidad de hacerlo, es una decisión valiente y razonable.

Incluso si crees que tuviste una buena infancia, es posible que este capítulo despierte emociones conflictivas o recuerdos dolorosos. Es habitual que a medida que aprendes más sobre los límites sanos, descubras que hay vulneraciones que sí se produjeron en tu familia. En el caso de que ocurra esto, tómate tu tiempo y sé amable contigo mismo. Sea cual sea tu historia personal, este capítulo te ayudará a cultivar relaciones positivas con los miembros de tu familia, sin dejar de proteger tu auténtica relación contigo mismo.

Mirar atrás te aporta claridad

Para muchos, establecer límites con la familia es la tarea más complicada, difícil e intimidante de todo el proceso. Aunque todos los seres humanos tenemos la necesidad básica de pertenecer, esta se presenta de manera notoria y más profunda en el seno de una familia. Querer sentirse reconocido, respetado y comprendido por la familia es un impulso primario.

Puede que hayas tenido la experiencia de tener una familia unida y afectuosa durante tu niñez y que esto continúe hasta el día de hoy. Si es así, se trata de un regalo que debes celebrar. También es posible que en el transcurso de este proceso descubras algunas heridas en torno a tus límites dentro de la familia. Esto es completamente natural. Ten en cuenta que el objetivo de explorar tu infancia no es juzgar ni criticar a tus padres, cuidadores o cualquier otro miembro de la familia. La inmensa mayoría de los padres lo hacen lo mejor que pueden con las herramientas que les proporcionaron sus propias familias cuando eran niños.

El objetivo de explorar tu infancia —ya sea en terapia o con el apoyo de un libro como este— es ayudarte a entender las cosas y a adquirir una visión importante de tus propias creencias y comportamientos. Tus experiencias con tus cuidadores sentaron las bases de cómo entiendes en la actualidad tus sentimientos, necesidades, deseos y límites. Estas experiencias también son la base de tu relación contigo mismo y de tu aceptación, o rechazo, de tu autenticidad. Lamentablemente, para muchos, nuestras primeras heridas a nuestro auténtico yo y a nuestro amor propio se produjeron en el seno de nuestras familias cuando éramos niños. Esto puede haber sido completamente involuntario, pero aun así es posible que durante tu infancia te inculcaran de alguna manera que tus necesidades, sentimientos o límites auténticos no eran aceptables.

Recuerda el pensamiento dialéctico

Mientras examinas tu historia con tu familia no pierdas de vista el pensamiento dialéctico. Tal vez te hayan nutrido y apoyado en algunos aspectos *y* limitado en otros. Puedes valorar, apreciar y celebrar los aspectos de tu familia que te empoderan *y*, al mismo tiempo, reconocer cualquier experiencia que te haya restado poder, aunque no haya sido intencionada. Cuando aceptas las experiencias que te desempoderan, eres capaz de tratarte con una mayor compasión y entender por qué es totalmente comprensible que a veces tengas problemas con los límites.

Supera el amalgamamiento

Uno de tus derechos más básicos dentro de la familia —y en cualquier otra relación— es ser una persona íntegra y auténtica. Sin embargo, en las relaciones familiares suelen surgir ideas de obligación y sentimientos de culpabilidad. Puede que hayas aprendido que es más importante ser quien los demás quieren que seas que ser auténtico.

Debes reclamar tu propia voz en lugar de dejarte llevar por la idea de que la sinceridad es cruel o de que el amor se demuestra callando.

Todas las relaciones merecen límites, por muy unido que estés a alguien física y emocionalmente. El amalgamamiento, que consiste en traspasar de manera permanente los límites de las personas, es una vulneración habitual de los límites en las relaciones o las familias. Una de las dolorosas consecuencias del amalgamamiento es recibir el mensaje de que no tienes derecho a tener límites. Puede que los tachen de mezquinos o simplemente innecesarios. Una señal clara de que sufriste el amalgamamiento es el haberte sentido reprimido por uno de tus padres cuando eras niño.

Tienes derecho a la intimidad, pero en las familias amalgamadas este derecho inherente se transgrede a menudo. Puede que te sintieras obligado a compartirlo todo con un progenitor que además era tu mejor amigo, por ejemplo. Este límite también se vulnera si algún familiar lee tu diario o tus mensajes de texto. Esta experiencia suele resultar traumática porque te enseña que no tienes privacidad —ni seguridad— en ningún sitio. Las personas que sufren este tipo de vulneraciones a menudo se sienten confusas sobre quién conoce mejor lo que sienten: ellas mismas o un miembro de su familia.

El amalgamamiento obstaculiza el desarrollo emocional y las habilidades para establecer relaciones sanas, porque en lugar de recibir orientación para ser un individuo a medida que creces, puedes sentirte responsable de hacer lo que tu progenitor quiere o de hacerlo feliz. Sin embargo, también eres una persona independiente. No eres ni su terapeuta ni su progenitor. No es culpa tuya —ni tampoco tu responsabilidad— si tus padres no han hecho su trabajo de sanación. Tampoco es tarea tuya protegerlos de las consecuencias naturales de sus elecciones, es decir, de tu necesidad de mayor autoprotección ahora.

Cuando una persona ha experimentado amalgamamiento u otro tipo de heridas dentro de su familia, puede tener la sensación de que sus límites tienen que ser todo o nada. Puede parecer que tienes que estar totalmente pegado a alguien o distanciado de él. Sin embargo, existe un estado ideal en el que te conviertes en una persona auténticamente independiente. Puedes averiguar qué distancia necesitas establecer con la familia para sentirte verdaderamente seguro. Las actividades que te propongo a continuación te proporcionarán una visión general de estos importantes conceptos y te ofrecerán algunas maneras de poner en práctica los límites de forma segura y saludable.

Identifica tu papel dentro de la familia

Lo ideal es que, a medida que el niño se desarrolla, disponga de espacio y libertad para descubrir su auténtico yo. Este proceso favorece enormemente la capacidad de establecer límites sanos. Sin embargo, en muchos niños este proceso no llega a producirse del todo o no se produce en absoluto. En esos casos, los niños suelen adoptar un papel específico dentro de la familia que se basa en las expectativas familiares, los mensajes que han recibido o las creencias culturales. En esta actividad, descubrirás si se te han asignado uno o varios papeles en la familia. Si es así, establecerás límites respecto a los roles que te asignaron para asegurarte de vivir tu vida de la forma más auténtica posible.

Herramienta:

Bolígrafo

Pasos:

1 Repasa estos roles habituales (en negrita) y marca con un círculo los que se apliquen a ti:

☐ A medida que crecías, ¿sentías que tenías que ser perfecto? Quizá debías tener un aspecto determinado, sacar buenas notas o rendir deportivamente. Si es así, puede que te hayan asignado el papel del **héroe**.

☐ ¿Sientes que traicionas a tus padres o a tu familia si planteas los problemas que hay en ella? Si es así, puede que seas el **héroe**, el **facilitador** o la **mascota**.

☐ Durante tu infancia, ¿sentiste que tenías que cuidar de uno de tus progenitores o tus hermanos o de todos? Si es así, es probable que estés en el papel de **facilitador** o **héroe**.

☐ ¿Sentías que tenías que ser gracioso para disipar el estrés en tu familia? Si es así, puede que te hayan asignado el papel de **mascota**.

☐ Durante tu infancia, ¿te sentías ignorado? ¿Quizá tenías un hermano o hermana con una enfermedad crónica y sentías que nadie te prestaba atención? ¿Creías que, por mucho que te esforzaras, nunca te verían tan atractivo, divertido, inteligente, merecedor, etc., como a tu hermano? Si es así, es probable que te encuentres en el papel del **niño perdido**.

☐ ¿Pensabas que te echaban la culpa de todos los problemas de tu familia? ¿Sentías que, pasara lo que pasara, parecías estar siempre metido en problemas? Si es así, puede que seas el **chivo expiatorio** de la familia.

2 Tómate un momento para reconocer que si te asignaron uno o más papeles, esto ha afectado de manera natural a tu relación con tu verdadero yo.

3 Pregúntate qué es lo que no es auténtico en tu vida porque intentas complacer a tu familia como tu papel asignado. Por ejemplo, un facilitador puede resentirse por tener que ser el que ayuda a un familiar después de que este descuidara su salud durante años.

4 Plantéate ahora si puedes estar tomando decisiones que no reflejen tu verdadero ser en un esfuerzo por rebelarte contra tu papel. Por ejemplo, si eras el chivo expiatorio, puede que te hayas convertido en enfermero para demostrar lo bondadoso que eres. O si eras el héroe, puede que ahora abuses de las drogas para demostrar que puedes ser malo.

5 Piensa en un pequeño paso que puedas dar para poner límites a este papel infantil y ser tu verdadero yo con tu familia. Quizá si siempre te vistes perfectamente como el héroe, podrías llevar ropa informal para comer. O si has sido un niño perdido, podrías compartir un punto de vista diferente acerca de un programa de televisión para ejercitar tu voz.

Establece qué temas son seguros y cuáles no

No necesitas estar de acuerdo en todos los temas para tener una relación sana con los demás. De hecho, es probable que *no* estéis de acuerdo en todo, ya que sois personas distintas con vuestros propios puntos de vista auténticos. La verdadera intimidad proviene de aprender a respetar las creencias de los demás, reconociendo al mismo tiempo tu derecho a tener tus propios puntos de vista. Aprender a aceptar el desacuerdo es una de las actitudes más amables y cariñosas que puedes adoptar por los demás y por ti mismo. Esta actividad te mostrará cómo.

Pasos:

1   ¿Te viene a la cabeza algún miembro de tu familia con el que a veces hayas mantenido discusiones estresantes debido a que discrepáis en vuestras creencias? Estas diferencias podrían ser sobre política, sobre el tipo de educación o carrera que deberías tener o sobre determinadas elecciones de estilo de vida, como casarse o tener hijos.

2   ¿Hay temas concretos sobre los que sientas una fuerte necesidad de debatir, discutir o justificarte? Son temas que es mejor evitar con los miembros de la familia (o con otros).

3   Si este tema surge en el futuro, establece un límite. En primer lugar, reafirma internamente tus propios puntos de vista. No necesitas discutir ni juzgar tus opiniones. Después, hazle saber a esa persona que no deseas hablar de ese tema. Puedes practicarlo de varias maneras si aún no te sientes preparado para reafirmarte; por ejemplo, ensayándolo con un amigo, escribiendo estas afirmaciones en tu diario o recitándolas delante de un espejo. Practica la afirmación de tu

límite hasta que te sientas más seguro de ti mismo utilizando uno de estos métodos:

- Afirma claramente: «Esto me resulta estresante en vista de nuestras diferencias. Espero que podamos cambiar de tema».
- Retírate de la situación. Puedes excusarte para ir al baño o ayudar a limpiar, por ejemplo.
- Cambia diplomáticamente de tema con algún comentario amable como: «Creo que es mejor que evitemos este tema para no aburrir a los demás con nuestro debate».
- Si te sientes presionado para tomar ciertas decisiones, como tener hijos o casarte, puedes decirles a tus familiares: «Preferiría no hablar más de esto hasta que no tenga nada nuevo que decir; en ese caso, hablaremos. Gracias por respetarlo».

Celebra verdaderamente las fiestas

Pasar las fiestas con la familia es una fuente habitual de estrés, obligaciones y culpabilidad. O, si no estás cerca de tu familia, es comprensible que las fiestas te provoquen sentimientos de dolor, soledad, pena e incluso recuerdos traumáticos. Sea cual sea la vivencia que tengas de las fiestas, tienes derecho a celebrarlas con autenticidad. En esta actividad, te tomarás un momento para decidir cómo quieres pasar las vacaciones.

Herramientas:
Papel y bolígrafo

Pasos:

1 ¿Cuál es tu palabra ancla del ejercicio «Construye la esperanza con una palabra ancla», de la página 57? ¿Se ajusta a cómo quieres sentirte durante las fiestas? Si no es así, ¿qué palabra representa tu auténtico deseo para las fiestas? Escribe la que hayas elegido en un corazón grande que previamente has dibujado en el centro de la página.

2 Para vivir de acuerdo con tu auténtica visión de las fiestas, ¿qué comportamiento o tradición tendrías que abandonar? Si quieres conexión, quizá tengas que dejar de planificar semanas de actividades para que las vacaciones sean «perfectas» para tus hijos. Si quieres relajación, tal vez tengas que limitar el número de regalos que compras o decidir no viajar. Escribe estas cosas en el espacio que hay fuera del corazón.

3 ¿A qué te gustaría decir sí en las celebraciones navideñas? Si lo que deseas es conexión, planifica una o dos actividades para las fiestas para estar presente de forma consciente con

tu familia en lugar de estar estresado. Escríbelas dentro del corazón.

4 Procura poner en práctica tus sugerencias. No dudes en elegir un objetivo pequeño para empezar; siempre puedes hacer más después.

Reconcíliate con los
mensajes infantiles inadecuados

Tus emociones te proporcionan información sobre tus límites, pero mucha gente no recibió una orientación clara sobre sus emociones en la infancia. Incluso es posible que sus seres queridos les dijeran que sus emociones eran erróneas o inadmisibles. Si no recibiste orientación sobre las emociones o si te avergonzaron por ellas, puede que te cueste afrontarlas de forma adecuada. Tal vez actúes como tus padres en respuesta a sus emociones o te enfrentes a ellas de un modo totalmente opuesto al que presenciaste. Esta actividad te ayudará a desarrollar o a profundizar en una relación equilibrada y sana con tus emociones, basada en tus necesidades actuales, no en las normas de tu infancia. Primero, explorarás los mensajes que recibiste sobre tus emociones; después, considerarás los mecanismos de afrontamiento que te sirvieron de modelo.

Pasos:

1   Examinemos primero tus experiencias infantiles en torno a las emociones. ¿Qué mensajes recibiste durante tu infancia sobre tus emociones? Por ejemplo, puede que oyeras que eras «demasiado sensible» o «dependiente». Cuando expresabas tus preocupaciones o aflicciones, ¿te decían que estabas siendo dramático o que dejaras de hacerte la víctima? Si es así, observa esta verdad con compasión hacia los miembros de tu familia que te trataron así y también con compasión hacia ti mismo. Puede que no intentaran hacerte daño y, sin embargo, perjudicaron tu relación con tus emociones.

2   ¿Cómo han influido estos mensajes en tu forma de sentir o afrontar tus emociones ahora? Por ejemplo, tal vez reprimas

tus emociones o te niegues a llorar. O quizá te consideres débil porque sientes mucho. También puede que, como reacción a tus emociones, te ataques a ti mismo con las mismas palabras que utilizaban tus padres.

3 Visualízate expulsando estas viejas creencias fuera de tu burbuja (del ejercicio «Visualiza tus límites», en la página 28) como sea necesario. Piensa en los límites que podrías establecer en torno a estos mensajes que te inculcaron. La próxima vez que alguien critique tu sensibilidad, por ejemplo, podrías decirle que crees que los sentimientos profundos son valiosos.

4 ¿Qué crees en realidad sobre tus emociones? ¿Qué te diría tu yo futuro (del ejercicio «Escribe la historia de tu futuro yo», en la página 54) sobre el don de tus emociones?

5 Si quieres, crea una afirmación para honrar lo que de verdad crees sobre tus emociones. Para reclamar tu sensibilidad, por ejemplo, podrías decir: «Mi sensibilidad es un don. Me permite sentir profundamente y conectar con los demás. Me ayuda a ser consciente de mí mismo».

6 Pasemos ahora a las estrategias de afrontamiento. ¿Cómo afrontaban tus padres y otras personas importantes en tu vida sus emociones durante tu infancia? ¿Contabas con algún referente de lo que constituye tener estrategias de afrontamiento sanas o los miembros de tu familia se esforzaban por cuidar de su bienestar mental? Si presenciaste estrategias de afrontamiento poco saludables, ¿emulas estos comportamientos cuando te angustias? ¿O actúas de forma opuesta a alguno de ellos? Por ejemplo, si tu padre bebía y guardaba silencio cuando se enfadaba, mientras que tu madre gritaba, puede que hayas elegido actuar más como tu padre que como tu madre, evitando a la gente si te enfadan en lugar de

gritarles. Puede que si estás enfadado le digas a la gente: «Estoy demasiado ocupado para hablar».

7   ¿Cómo quieres cuidar hoy auténticamente de tus emociones? Si ya has completado el capítulo cinco, trabaja a partir de él. Quizá te convenga dejarte espacio para descansar, pasear por la naturaleza o escribir un diario.

Hazte respetar (incluso por la gente a la que quieres)

Para establecer límites es necesario que asumas tu derecho a hacer oír tu voz. Sin embargo, esto puede ser especialmente difícil si, como suele ocurrir, tus primeras experiencias de ser silenciado se dieron en el seno de tu familia. En esta actividad, descubrirás cómo fuiste silenciado y aprenderás a reafirmarte con más confianza en el futuro.

Pasos:

1   ¿Alguna vez te sentiste silenciado durante tu infancia? Si es así, ¿qué te hizo creer que tu voz auténtica era «excesiva» o que «no valía»? ¿Te dijo algo tu familia que afectara a tu capacidad para hacerte valer? Podrían haber sido mensajes como: «Los niños tienen que obedecer y callar» o «No está bien enfadarse; hay que perdonar y olvidar».

2   ¿Sigues silenciándote a veces como adulto? Quizá restes importancia a tus problemas argumentando que lo que te molesta no es «tan malo». O puede que te engañes diciéndote a ti mismo que «no ha pasado nada grave» para silenciarte.

3   Cuando piensas en autocensurarte o en que otros te hagan callar, ¿qué imagen te viene a la mente? Déjate guiar por tu intuición.

4   Ahora imagínate sintiéndote con el poder suficiente para alzar la voz, cuando necesites protegerte. ¿Qué imagen te viene a la mente ahora?

5   Cuando necesites reafirmarte para avanzar, visualiza que encarnas esa imagen llena de poder. Ten coraje aunque la tarea sea difícil.

No te dejes manipular por el sentimiento de culpa

La culpabilización es, con frecuencia, una de las razones por las que en ocasiones ignoras tus necesidades y límites con tu familia. Sean cuales sean las intenciones de tus familiares, al hacerte sentir culpable están intentando manipularte para que pongas sus necesidades por delante de las tuyas. Esto no suele ser intencionado; sin embargo, tampoco es precisamente una muestra de amor ni de respeto. La culpabilización, ya sea por parte de familiares u otras personas, vulnera tu tiempo. Recuerda tu burbuja de límites del ejercicio «Visualiza tus límites» de la página 28: tú decides lo que entra y lo que se queda fuera. Asegúrate de declarar tus necesidades o límites con firmeza; de lo contrario le estarás dando permiso a quien trata de hacerte sentir culpable para que infrinja tus límites. A la larga, esto provoca estrés, frustración y resentimiento. En este ejercicio encontrarás sugerencias para afrontar estas situaciones delicadas.

Pasos:
1   Utiliza el guion del ejercicio «Afirma tus límites» de la página 42 para reafirmarte ante un familiar que te hace sentir culpable. Ten presente que tal vez necesites dar los siguientes pasos adicionales.

2   Tras expresar tu límite o necesidad, observa cómo te sientes. ¿Sientes que te respetan? Estupendo, ¡has tenido una conversación satisfactoria sobre tus límites con este familiar! Si sientes un conflicto interior —quizá un sentimiento de culpa u obligación y sentimientos de frustración, o como si te estuvieran malinterpretando—, sigue adelante.

3 Recuerda que se trata de una situación dialéctica, por lo que es enteramente posible que alguien te quiera *y* que, al mismo tiempo, necesites protegerte de él a veces.

4 Date cuenta de que puedes sentirte culpable y que, aun así, es probable que se trate de una falsa culpa. La falsa culpa es lo que sentimos cuando vamos en contra de lo que nos han enseñado que «debemos» hacer. En cambio, la culpa auténtica se produce cuando transgredimos nuestros propios valores. No estás haciendo nada malo al reafirmar tus propias necesidades ante un familiar.

5 Cuando te estén tratando de hacer sentir culpable utiliza el guion que viene a continuación para apoyarte. Puedes seguir siendo amable y aceptar sus argumentos, pero no por eso debes dejar de reiterar tu necesidad:

- «Comprendo que _____ [valida su objeción a tu límite]».
- «No obstante, necesito _____ [reitera tu límite; puedes hacer un breve comentario de no más de unas pocas frases]».
- Opcional: «Debes saber _____ [respalda su objeción con tus propios sentimientos, si una parte de ti comparte los sentimientos que esta persona ha expresado]».
- «Te agradezco mucho que comprendas mi necesidad de _____ [reafirma tu límite]».
- Puedes expresarles tu amor brevemente si quieres, pero ten cuidado de no «arreglar» la situación haciendo promesas poco auténticas. Aquí tienes un ejemplo: «Entiendo que quieras que vuelva por Navidad. Sin embargo, este año no puedo, porque acabo de cambiar de trabajo. Aún no tengo tiempo libre y no me apetece viajar durante tres días. Por favor, entiende que yo también te echaré de

menos en las fiestas. Te agradezco mucho que entiendas que este año tengo que quedarme». (Nota: No he dicho que estaré en casa en Navidad porque aún no estoy seguro de que sea posible).

6 Si experimentas un rechazo, interrumpe la conversación. No es sano para ninguno de los dos debatir sobre vuestras necesidades válidas.

No te corresponde a ti tranquilizar a los demás

La gente utiliza el sentimiento de culpa cuando se altera al no conseguir lo que quiere y no acepta la responsabilidad de auto-calmarse. En lugar de eso, te buscan a ti para que seas su fuente de consuelo. Aunque eres responsable de hacerte respetar, no te corresponde calmarlos. Es responsabilidad del otro aprender a tranquilizarse.

Deja de culparte

¿Alguna vez evitas poner límites porque te sientes obligado a devolver todo lo que «debes» a tus padres o a otros miembros de la familia? O puede que tengas miedo de «estropear» la relación por poner límites. Es una forma de culparte a ti mismo. Si te culpas, también puedes, sin darte cuenta, engañarte para evitar enfrentarte a una parte difícil de tu infancia. Puedes decirte que lo que viviste no fue *tan* malo o que estás malinterpretando una situación. Asimismo, puedes justificar por qué está bien que un miembro de tu familia transgreda tus límites.

Una cosa es querer a los miembros de tu familia y otra es respetar tu derecho a ser auténtico. Tienes derecho a tener tus propias necesidades y deseos distintos de los de los demás, incluidos los miembros de tu familia y otros seres queridos. Cuando niegas este derecho, niegas tu propio derecho a ser humano. En esta actividad, descubrirás cómo poner fin a la narrativa que te hace sentirte culpable y dar prioridad a tus necesidades.

Herramientas:

Papel y bolígrafo

Pasos:

1   Piensa en una situación en la que necesites poner límites, pero sigas dudando o postergando la acción. Describe la situación y explica por qué puedes haber estado retrasándola. Examina las creencias adquiridas y que pueden reforzar tu culpabilidad e impedir que establezcas límites.

   • Si crees que debes ejercer de padre o madre con tus padres, es probable que te sientas responsable de que se sientan cómodos.

- Si tu familia te culpó mucho, es posible que utilices ese mismo lenguaje para culparte. Por ejemplo, podrías decirte a ti mismo que, aunque estés agotado, tienes que ir a ver a tu padre porque ya tiene ochenta y seis años y esta podría ser la última vez que lo vieras.

2 ¿Ha habido alguna vez en que la culpa te haya impedido poner límites? ¿Hubo consecuencias negativas a causa de ello? Anota lo que ocurrió. En última instancia, ocultar tus necesidades perjudica tus relaciones contigo mismo y con los demás.

- Quizá no querías enfadarte con tu suegra porque «hace mucho por ti» (como ayudar con el cuidado de los niños), así que reprimiste tus sentimientos. Y luego, en el momento menos pensado, tal vez le gritaste por algo que no tenía importancia.

- Si te has sentido responsable de ser la fuente de consuelo de tus padres, puede que te sientas constantemente agotado y como si te hubieras perdido a ti mismo.

3 Plantéate si puedes cambiar tu relación con la culpa. Aquí tienes algunas sugerencias:

- **Cambia de mentalidad.** Podrías empezar a ver el sentimiento de culpa como una señal de valentía y de que realmente estás progresando en tu establecimiento de límites.

- **Controla tu sentimiento de culpa.** Practica alguna actividad autocalmante; revisa el capítulo cinco para que te sirva de guía. En lugar de consumirte en la culpa, intenta transformarla haciendo algo cariñoso y divertido solo para ti, como escuchar una canción que te guste o usar esa bomba de baño o cualquier otra cosa que hayas estado esperando utilizar para una «ocasión especial».

- **Sé fiel a ti mismo, aunque te sientas culpable.** Establece los límites que necesites aunque tengas un sentimiento de culpabilidad. Recuerda que un padre sano no presiona a su hijo para que haga algo que lo perjudique.

4 Puede que aún no te sientas preparado para eliminar por completo la culpa; está bien, no te preocupes. Para eso hace falta mucha práctica.

Acepta los sentimientos complejos hacia tu familia

Como seres humanos, nuestro pensamiento se inclina de forma natural –aunque errónea– a querer clasificar las cosas en «buenas» o «malas»... y lo mismo sucede con nuestros sentimientos. Sin embargo, es completamente natural tener emociones complejas e incluso contradictorias. ¿Has notado esto con tu familia o con algún miembro concreto de ella?

Una parte fundamental del establecimiento eficaz de límites consiste en aprender a identificar y aceptar tus emociones. Estas, incluso cuando son desagradables, te proporcionan una valiosa información sobre tus necesidades, deseos y límites, siempre que las aceptes. Además, reconocer tus emociones con un enfoque dialéctico puede ayudar. Este tipo de pensamiento pone de relieve que una o varias cosas que parecen opuestas pueden ser ciertas. Puedes sentir celos de tu hermana y, sin embargo, admirarla. O estar resentido con tu padre por ausentarse mucho por trabajo durante tu infancia y, a pesar de ello, apreciar todo lo que te ha proporcionado. Si ignoras tus sentimientos o te dices que no debes sentirte así, estarás ignorando la forma más directa de establecer límites. En esta actividad, practicarás la aceptación de tus emociones complejas relacionadas con tu familia.

Herramientas:
Papel y bolígrafo

Pasos:
1 ¿Cuáles son algunas de las emociones complejas o contradictorias que sientes hacia tu familia? Anótalas en una lista en la hoja. Es completamente aceptable tener muchas emociones hacia determinados miembros de la familia. Por

ejemplo: «Quiero a mi madre más que a nadie, pero a veces siento que la odio, si te soy sincero. Me frustra y me siento incomprendido. Pero también la admiro».

2 ¿Cuáles de estas emociones están arraigadas en la actualidad? Rodéalas con un círculo.

3 ¿Qué emociones están más arraigadas en el pasado o en lo que ocurrió en tu infancia? Subráyalas. Tus emociones pasadas son comprensibles y válidas. Es probable que estén relacionadas con experiencias hirientes con este miembro de la familia, aunque no fuera intencionado por su parte. Los roles familiares también podrían contribuir a estas emocio nes que arrastras del pasado. Además, los sentimientos que has subrayado pueden ser señales de que aún no te sientes completamente seguro en esta relación. Es importante que comprendas tus necesidades de seguridad. (La siguiente actividad te ayudará a evaluar esto).

4 Cualquier emoción incómoda que sientas en estos momentos pone de manifiesto áreas en las que necesitas establecer límites. ¿Qué revelan tus sentimientos? Por ejemplo, podrías pensar: «Me molesta que mi madre me llame a todas horas cuando estoy en el trabajo. Necesito que respete que no estoy disponible durante la jornada laboral».

El poder de dejar ir

Las emociones que arrastras del pasado pueden hundirte. En terapia, se suele decir que la depresión se ve reforzada cuando nos centramos en el pasado. Aunque tienes que reconocer tus sentimientos, es importante que aprendas a dejar ir el pasado por tu propio bien. Se trata de un trabajo terapéutico de varios niveles que comienza en cuanto alguien empieza a poner límites.

Determina qué nivel de conexión te resulta seguro o adecuado

Al abordar los problemas familiares, una pregunta que surge habitualmente es si debes desvincularte por completo de los miembros de tu familia o simplemente aceptarlos tal como son. Por supuesto, no hay una respuesta correcta: la situación y las necesidades de cada cual son diferentes. La clave consiste en evaluar tus opciones y dedicar algo de tiempo a averiguar qué respuesta es la adecuada *para ti*. Esta actividad te ayudará a hacerlo.

Pasos:

1   Piensa en un miembro de la familia con el que tengas conflictos y considera qué opción es la adecuada para tu situación:

- **Mantenerte «pegado» a esa persona** y dejar que haga o diga lo que quiera sin poner límites. La ventaja de esto es que puedes mantener la relación tal como está, sin necesidad de cambiar nada. Sin embargo, el riesgo es que probablemente seguirás exponiéndote a comportamientos y comentarios que te harán daño. Otro riesgo de permanecer en ese estado de amalgamamiento es sentirse culpable o avergonzado por tener pensamientos o necesidades diferentes a los suyos. Como es natural, esto complica toda tu labor de establecimiento de límites.

- **Afirmar tus límites** (consulta el ejercicio «Afirma tus límites», en la página 42). La ventaja de afirmarte es que tienes poder para influir en el cambio de tu relación. Si tu interlocutor se muestra receptivo, puedes mejorar la dinámica de la relación que sea estresante o molesta. Por otra parte, aunque no sea receptivo, habrás empezado a adquirir la confianza que da el hacerte oír. El riesgo de hablar es que el otro no esté dispuesto a respetar tus necesidades. Puede que entonces sientas que es «inútil» hacerte valer, pero es importante, porque te permite ver lo inocuo –o peligroso– que es alguien para ti.

- **Permanecer en su vida, pero mantener la distancia.** Podrías seguir viéndolo, pero con menos frecuencia, por ejemplo. La ventaja de esto es que no tienes que reafirmarte, lo que puede resultar muy intimidatorio. Además, esta puede ser la mejor opción si ya sabes que esta persona está muy a la defensiva cuando se le habla de sus comportamientos. El riesgo es que sientas que te estás traicionando al no manifestarte o al mantener a esta persona en tu vida.

- **Cortar el contacto.** Siempre tienes este derecho. Sentirse seguro y ofrecer seguridad a los demás son los objetivos principales del establecimiento de límites. Si te cuesta perdonar a un miembro de tu familia y te das cuenta de que en ocasiones eres poco amable por ello, a veces lo más cariñoso que puedes hacer en ese momento por los dos es separarte de él. Si te parece drástico, recuerda que ahora puedes tomar el espacio que necesites y más adelante plantearte volver a incorporar a esa persona a tu vida; los límites sanos son flexibles y tus necesidades pueden evolucionar con el tiempo.

2 Nota importante: Si estás sufriendo maltrato, recurre a tus habilidades de autoprotección. Podrías imaginarte como una mamá osa que dice «basta» para proteger a su osezno. ¿Querrías que tu hijo, o cualquier otro niño, aceptara que lo trataran como te están tratando a ti? Si no es así, como mínimo, sigue poniendo límites y considera seriamente la posibilidad de tomar medidas más drásticas.

Capítulo 9

Protege tus
relaciones íntimas

No existe la relación perfecta –por más que en las redes sociales te muestren lo contrario–, pero sí hay relaciones seguras e inseguras. En las relaciones sanas y seguras no hay abusos, ya sean emocionales, económicos, verbales, físicos o sexuales. La forma en que tu pareja (o cualquier otra persona) responda a tus límites es lo que te revela con más claridad si una relación es segura y sana o no. Este es un concepto que veremos a lo largo de este capítulo y de sus actividades.

Incluso en las relaciones sanas, poner límites podría empeorarlas temporalmente. Cuando se fijan unos límites, se cuestiona lo establecido, y esto no es fácil de manejar. Sin embargo, cuando dos personas se sienten seguras en una relación, pueden aprender a sortear los baches del camino y, en última instancia, sentirse más conectadas al hacerlo.

Las actividades de este capítulo te enseñarán habilidades de terapia individual y de pareja. Este capítulo te será de gran utilidad para aprender a establecer límites en las relaciones íntimas, aunque no tengas una relación sentimental; solo tienes que modificar el lenguaje en función de tus necesidades.

¿Qué tipo de apego tienes?

En las relaciones íntimas, la clase de apego que sientas suele revelar el estado actual de tus límites. La teoría del apego afirma que los seres humanos tienen la necesidad primordial de cercanía e intimidad con otras personas. Si tus experiencias durante la infancia y la edad adulta te han demostrado que puedes confiar en los demás de un modo que te da seguridad, desarrollas el tipo de apego más equilibrado: el seguro. Esta modalidad de apego se presta naturalmente a tener relaciones interdependientes, que son asociaciones en las que confías en que tus sentimientos, límites y deseos le importan a la otra persona y tú también te preocupas por sus sentimientos, límites y deseos.

En terapia, una señal habitual de que alguien tiene límites porosos en sus relaciones íntimas es que pase la mayor parte de la sesión comentando y analizando la perspectiva, las necesidades y los deseos de su pareja. Aunque este enfoque en la pareja procede del amor, también suele provenir de la inseguridad. Este tipo de límites porosos suelen indicar un apego ansioso. Las personas con apego ansioso a menudo temen ser abandonadas, por lo que se esfuerzan por complacer a los demás para garantizar su pertenencia a una relación o grupo. Estas heridas pueden haberse producido en la infancia, ya sea en su familia o con compañeros, y puede tratarse de traumas por acoso escolar o por mudarse tan a menudo que no llegaron a establecer relaciones estrechas con los demás. Estas heridas también podrían haberse producido en la edad adulta, por ejemplo al ser engañados por una pareja en la que confiaban.

Otras personas tienen límites cerrados, lo que se denomina apego evitativo. Suelen alimentar muchas distracciones fuera de la relación, por ejemplo la preocupación por el trabajo, para evitar la intimidad. Por último, algunos tienen una combinación de estas modalidades de límites, el llamado estilo de apego ansioso-evitativo.

Aunque pueda parecer lógico que sea más difícil acercarse a una persona con apego evitativo debido a sus límites amurallados, también es difícil intimar con personas con apego ansioso. La verdadera intimidad requiere que te muestres total y auténticamente para que tu pareja te conozca, y viceversa. Cuando descuidas tus propias necesidades, deseos y límites para mantener feliz a otra persona, no das a tu pareja la oportunidad de conocerte de verdad. Puedes cambiar tu estilo de apego, pero no centrándote en el otro ni evitándolo. En cambio, cultivar relaciones sanas y equilibradas mediante el establecimiento de límites te brinda la oportunidad de desarrollar un apego seguro.

Reconocer el maltrato

A veces no tenemos muy claro lo que es sano o insano en las relaciones. Mientras que para la mayoría el maltrato físico resulta evidente, a muchos les cuesta identificar el maltrato emocional. Esto es totalmente comprensible si durante tu infancia no has tenido modelos de relaciones sanas, como ocurre en muchos casos. Además, en ocasiones, la cultura en algunos países occidentales confunde los comportamientos abusivos problemáticos con una pasión «arrebatadora» u otras interpretaciones aparentemente positivas.

Cuando estableces límites, descubres hasta qué punto puede ser seguro y saludable para ti estar con determinada persona o, por el contrario, podría constituir un peligro. El hecho de que tu pareja (u otra persona) sea comprensiva y responda esforzándose por respetar tus límites —aunque en el pasado te haya herido— constituye una señal esperanzadora. Por el contrario, si ves que cuando pones límites se enfada, te culpa o no dice nada, es una señal preocupante. En este caso, podrías acudir a un terapeuta de pareja para que te ayude a mejorar la relación.

En los ambientes y en las relaciones enfermizas, la persona que intenta poner límites se convierte en el chivo expiatorio, es decir, se la acusa de causar el problema. A menudo se le dice que es demasiado sensible, lo cual es una forma de *gaslighting*. La luz de gas es una modalidad muy desconcertante de abuso emocional que tiene como objetivo manipular tu realidad (para más ayuda sobre cómo defenderte de esta manipulación, consulta el capítulo tres). Una señal clara de que te están haciendo luz de gas es que crees que tú eres la causa del problema de la relación o que tienes la sensación de que te has vuelto «loco» porque tu pareja dice cosas que sabes que no son ciertas. Si tu pareja te hace *gaslighting*, reforzará esta interpretación de las cosas echándote en cara constantemente todo lo que te preocupa. Un ejemplo habitual de esto es alguien que te dice que *tú eres* el responsable de que se comportara de manera hiriente u ofensiva. Te dirá, por ejemplo, que si te grita es solo porque nunca la escuchas. O preguntará una y otra vez «¿y yo qué?» cuando le cuentes algo que te molesta. Los problemas de una relación —a menos que se produzcan en un entorno muy abusivo— los crean ambas partes. Diga lo que diga tu pareja, tú no eres nunca el único responsable de esos problemas.

Otra táctica de manipulación desconcertante y habitual en torno al establecimiento de límites es que tu pareja (o cualquier otra persona) se muestre complaciente cuando estableces límites, pero nada cambia. Te dirá que lo siente, quizá te haga grandes promesas de cambiar. Y es posible que lo haga durante un breve periodo de tiempo, pero luego volverá a actuar de la misma forma hiriente. Se trata de un comportamiento abusivo porque te falta al respeto, se burla de ti y viola repetidamente tus necesidades o límites claros.

Si estás sufriendo malos tratos, debes saber que eso nunca es culpa tuya. La elección de cometer malos tratos es totalmente responsabilidad de la otra persona. No tiene nada que ver con tu valía, sino que revela el estado de sus capacidades, habilidades y limitaciones. Tienes derecho a sentirte seguro y respetado en todo momento dentro de cualquier relación: ese es el objetivo de tu proceso de establecimiento de límites.

Hacia una relación sana e interdependiente

La intimidad genuina y saludable existe en una relación interdependiente, en la que tu amor por los demás está equilibrado con tu autocuidado. Sin embargo, debes dar prioridad a protegerte a ti mismo, porque eres la única persona que puede decir a los demás lo que te duele o te ofende. Lo mismo ocurre con tu pareja: solo ella puede decirte lo que necesita o desea.

Uno de los problemas de límites más comunes en torno a la realidad en las relaciones íntimas es la falsa suposición de que es posible adivinar lo que piensa el otro para saber lo que le hará feliz o que los demás son capaces y responsables de anticiparse a tus necesidades sin que tú se las comuniques. En una relación sana, cada miembro de la pareja asume la responsabilidad de comunicarse abiertamente de forma respetuosa y clara.

Además, en una relación sana, siempre se escucha a quien se sincera sobre lo que le duele o no funciona. Se respetan sus sentimientos, necesidades y límites, aunque el otro u otros tengan un punto de vista distinto. Luego se busca un acuerdo saludable.

Determina cuáles son tus necesidades no negociables

Todos tenemos unas cuantas necesidades no negociables en las relaciones íntimas que nos hacen sentirnos conectados y seguros. Si no se satisfacen estas necesidades, te sentirás constantemente insatisfecho. Algunas personas tratan de eludir estas necesidades intentando cambiar al otro o trivializando, juzgando o ignorando sus propias necesidades. Esto no sirve de nada. Para sentirte verdaderamente seguro, debes satisfacer tus necesidades no negociables. Esta actividad te ayudará a descubrir cuáles son.

Herramientas:
Papel y bolígrafo

Pasos:

1 Tus necesidades no negociables son de tres a seis cualidades que necesitas para sentirte seguro. Estas necesidades son auténticas y únicas. Solo tú sabes a qué no puedes renunciar en una relación. Olvídate de juzgar lo que «deberías» valorar y, en su lugar, piensa: ¿qué aspectos pusieron fin a relaciones anteriores? Es una pista de lo que necesitas, como honestidad o compromiso.

2 Dibuja una rosquilla en el papel (es decir, un círculo y dentro de este otro más pequeño). En el círculo exterior, escribe de una a tres cosas que necesitas en cualquier relación íntima —no tiene por qué ser amorosa— para sentirte seguro. Tal vez necesites que la persona sea totalmente digna de confianza.

3 Ahora, en el círculo interior, escribe de una a tres cosas a las que no puedes renunciar en una relación romántica/sexual, además de las cualidades anteriores. Quizá necesites

que todas las personas con las que te relacionas valoren la salud mental, pero solo tu pareja sentimental deba compartir tu religión.

4 Ten a mano esta lista conforme sigues avanzando. Si alguien no satisface una sola necesidad no negociable, no se trata de que uno de los dos «tenga razón» o «esté equivocado». Aun así, debes aceptar la realidad para que tanto tú como esa persona estéis seguros y actuar sabiendo que probablemente la relación no te conviene. Negar tus necesidades es un auto-sabotaje e intentar cambiar a otra persona es una violación de los límites

Haz frente al resentimiento

Las parejas suelen acudir a terapia para mitigar el resentimiento que se ha ido acumulando en su relación. Mientras que la ira surge de manera espontánea cuando se ha infringido un límite o no se ha satisfecho una necesidad, el resentimiento es algo que nosotros mismos generamos al no expresar o respetar las necesidades o límites. Por desgracia, muchísimas relaciones fracasan por culpa de esto. Sin embargo, puedes intervenir eficazmente en el ciclo tóxico del resentimiento si haces valer tus necesidades y límites. Esta actividad te servirá de apoyo.

Pasos:

1 ¿Dónde está arraigando el resentimiento en tu relación? Nota: No tiene por qué tratarse de una relación sentimental.

- Pensamientos como «ojalá pudiera (relajarme, divertirme, tener tiempo para una afición)» o «la culpa la tengo yo» son señales de que tu relación te parece injusta.
- Si llevas la cuenta de todo lo que hacéis tú y tu pareja, es otra señal de resentimiento.

2 ¿En qué aspectos sientes que haces mucho más que tu pareja? Utiliza esto como señal de lo que necesitas reafirmar. Por ejemplo, si tienes la impresión de que todas las tareas domésticas o las actividades extraescolares de vuestros hijos recaen sobre ti, es necesario que lo digas.

3 Si existen múltiples causas de resentimiento, en un principio elige una sola; cuando la trates, pasa a la siguiente. Esto te ayuda a lograr resultados y, al mismo tiempo, reduce el agobio y la actitud defensiva por parte del otro.

4 Siempre tienes opciones. Sopesa los pros y los contras de hacer valer tu necesidad de ayuda. Date cuenta de la importancia de hablar.

5 Visualiza el alivio que supone disfrutar de una relación más equilibrada que tienes el poder de cocrear.

6 Utiliza el guion del ejercicio «Afirma tus límites» de la página 42 para hacer valer tu necesidad. Si lo prefieres, puedes modificarlo para que te resulte más natural. Ejemplo: «Últimamente estoy llevando a los niños al fútbol y a las clases de baile, y estoy desbordado. Necesito ayuda. ¿Estarías dispuesta a encargarte de una de estas actividades?». Nota: Si hay rechazo, buscad un punto medio que os parezca bien a los dos.

7 Los límites saludables son seguros, pero flexibles. Negocia siempre que puedas, aceptando a tu pareja. Sin embargo, reafirma tu necesidad. Pon límites internos a cualquier impulso de complacer a tu pareja y renunciar a tus necesidades. Hacer valer tus necesidades y llegar a un acuerdo es una de las bases de las relaciones sanas. Ejemplo: «Comprendo que has estado trabajando hasta tarde y eso es estresante, pero yo tuve que irme al trabajo temprano porque siempre llevo al colegio a los niños. Para mí es importante que los dos participemos en sus actividades y compartamos las responsabilidades de la familia. Necesito que te hagas cargo de una de las actividades de los niños».

8 Cuando negocies con tu pareja (o con cualquiera) después de afirmar tu postura, no te corresponde a ti proponer soluciones a la otra persona sobre cómo satisfacer tus necesidades. Es mejor que dejes que sea ella quien encuentre soluciones y opciones para satisfacer tus necesidades.

9 A continuación, deja que tu pareja (o la persona pertinente) organice cómo va a cumplir su parte de las responsabilidades. Ejemplo: «¿Estás dispuesta a ocuparte del fútbol los martes? ¡Estupendo! Gracias por prestarte a llegar a un acuerdo conmigo. Te lo agradezco mucho». Si tu pareja incumple lo que ha acordado, puedes optar inicialmente por recordárselo. También podrías aclararle cuál será la consecuencia si esto vuelve a ocurrir, si aún no se la has expresado. Puede ser difícil pensar en consecuencias, pero intenta que sean naturales. Ejemplo: «Me has llamado en el último momento para que lleve hoy a los niños al fútbol, aunque habías quedado en ocuparte de esto los martes. Necesito que respetes mi tiempo en el trabajo, igual que yo respeto el tuyo los demás días. Si vuelves a incumplir este acuerdo, al día siguiente no estaré disponible para ocuparme de todas las actividades de ese día. Será tu responsabilidad».

Mereces que te escuchen

Acepta cualquier ansiedad que puedas tener por «destapar la olla», es decir, disgustar o agobiar a tu pareja. Recuérdate que tienes derecho a expresar tus necesidades y a tener una relación equitativa. Tus necesidades son tan importantes como las suyas: no deberías tener que doblegarte y cambiar tus necesidades para que te acepten.

Acepta el apoyo

Las relaciones sanas son interdependientes, lo que significa que el sentido de dar y recibir de cada persona está equilibrado. Cada uno se siente apoyado mutuamente y percibe que su pareja se esfuerza en la misma medida en su vida en común. Los individuos con límites porosos suelen sentirse incómodos o culpables por recibir ayuda, lo que supone una barrera para la interdependencia. Aprender a recibir ayuda es una habilidad que puedes potenciar, y esta actividad te ayudará a ejercitarla. Sigue aprendiendo a recibir: es esencial para todo tipo de relaciones sanas.

Herramienta:
Espejo

Pasos:

1 ¿Alguna vez te sientes incómodo recibiendo la atención, el tiempo o la energía de los demás? Reconoce si alguna vez te sientes más cómodo siendo el que da (física o emocionalmente) en una relación, por ejemplo, siendo el hombro sobre el que llorar.

2 A fin de prepararte para la próxima vez que alguien se ofrezca a prestarte ayuda y te resulte de verdad útil, aprende a decir simplemente «eso sería estupendo; ¡gracias!» delante de un espejo. Si quieres, también puedes visualizar que esa energía de apoyo amoroso entra en tu corazón.

3 Si alguna vez sientes el impulso de rechazar una oferta de ayuda o de controlar la forma en que esa persona te ayuda en una tarea sencilla, tranquilízate y distráete. Afirma tu derecho a recibir y el derecho de los demás a hacer las cosas a su manera (por ejemplo, cargar el lavavajillas de otra forma).

Responde a los límites ignorados

Aunque hayas aprendido a poner límites, tu trabajo no ha terminado. De vez en cuando, te encontrarás con que alguien comete un error o ignora por completo tus necesidades o límites. Cuando surgen estos problemas, puede resultar muy confuso y abrumador. Para ayudarte, esta actividad contribuirá a que identifiques la mejor manera de responder si se ignoran tus límites después de haberlos expuesto claramente.

Pasos:

1 Cuando se trata de una «primera ofensa», procura adoptar un enfoque ligero. Al fin y al cabo, incluso las personas fiables cometen errores, así que intenta no darle demasiada importancia. Recuérdale a la persona tus límites. Podrías decir algo como:

- «Mamá, estabas haciendo muy bien al no meterte en mi vida amorosa; sin embargo, parece que la curiosidad te puede. No te culpo, pero por favor, acuérdate de que no quiero hablar de mi vida de pareja, a no ser que yo misma saque el tema».

- «Quedamos en que tú ibas a llevar a los niños al fútbol los martes, pero me llamaste en el último momento para que fuera yo. Necesito que sigas ayudando con los niños como prometiste».

2 Si alguien te hace sentir culpable, reafírmate. Restablece los límites con firmeza:

- «Mamá, que yo necesite intimidad no significa que no te quiera. Espero de verdad que respetes esa necesidad de ahora en adelante».

- «Entiendo que estés ocupado en el trabajo, pero yo también tengo muchas responsabilidades. Nuestros hijos son responsabilidad de los dos. Es importante que los ayudes en sus actividades».

3 Si sigue violando el límite, resiste el impulso de seguir recordándoselo. No es asunto tuyo y dañas tu propia autoestima si ruegas a los demás que te respeten. En lugar de eso, aplica la consecuencia diciendo algo como:

- «Mamá, ya te avisé de que no quiero hablar de mi vida amorosa. Voy a colgar ahora y hablaremos más tarde».
- «Has dicho que al final no puedes ayudar los martes con el fútbol. Esto significa que voy a retrasarme más en mi trabajo. Los sábados por la tarde me iré a trabajar a una cafetería y tú te encargarás de los niños».

4 Si sigue ignorando tus límites a pesar de la consecuencia, explícale más claramente cómo te sientes. Es natural tener ganas de esconder el asunto bajo la alfombra, pero esto perjudicará vuestra relación. Cuéntale cómo sus decisiones afectan a la relación y qué otras medidas podrían ser necesarias. Aquí tienes algunos ejemplos:

- «Te he pedido que no me hagas preguntas personales y tú sigues insistiendo. Parece que tu curiosidad te importa más que el que yo me sienta respetada. Por eso no quiero hablar contigo tan a menudo».
- «Cuando no ayudas con los niños, me transmites el mensaje de que crees que soy el único responsable del cuidado diario de nuestros hijos. Con esta falta de respeto tengo la impresión de que nos haría falta asistir a terapia de pareja».

5 Si nada da resultado, procura aceptar la realidad. No puedes obligar a nadie a respetar tus límites, lo que sí puedes es gestionar las consecuencias de su decisión. Examina qué opciones tienes y haz lo que sea mejor para tu salud y tu bienestar.

Determina si tu pareja se comporta de una manera segura para ti

Cuando estableces un límite, siempre descubres lo segura o insegura que es la relación para ti. Aprender a percibir las señales de seguridad, o su falta, y responder en consecuencia es esencial para equilibrar la autoprotección con la protección de tus relaciones íntimas. Sin embargo, es natural que a veces sientas confusión o incertidumbre sobre si esa relación es de verdad segura o insegura para ti. En esta actividad, obtendrás las herramientas para evaluar la seguridad de tus relaciones y reducir al mínimo la confusión o las dudas sobre ti mismo.

Herramientas:
Papel y bolígrafo

Pasos:

1   En tu hoja, traza una línea para formar dos columnas. Etiqueta la parte superior de la columna izquierda como *Señales de seguridad*. En la parte derecha escribe *Señales de falta de seguridad*. En este ejercicio, repasarás las distintas preguntas y marcarás a qué lado pertenecen los comportamientos de tu pareja, si a la categoría de seguros o a la de inseguros. Todos cometemos errores, pero lo que buscamos es un patrón en sus comportamientos.

2   **Las personas fiables aceptan una auténtica responsabilidad.** Esto significa que, aunque al principio se muestren a la defensiva, se tomarán un tiempo hasta que puedan disculparse de verdad y reconocer tus necesidades. Y entonces se esforzarán seriamente por poner fin a los comportamientos que te hieren, por ejemplo asistiendo a terapias para controlar

la ira. Nadie es perfecto, y las personas seguras cometerán errores. Sin embargo, lo reconocerán y seguirán esforzándose en satisfacer tus necesidades. ¿Tu pareja asume una auténtica responsabilidad? Si es así, anótalo en la columna *Señales de seguridad*. Si se limita a disculparse de boquilla, anótalo en la columna *Señales de falta de seguridad*.

3 Las personas seguras son fiables y constantes. No dan señales contradictorias. ¿Alguna vez te sorprendes excusando a tu pareja? Si es así, se trata de un signo de falta de seguridad, tenlo en cuenta. De lo contrario, si tu pareja es fiable, considéralo una señal de seguridad.

4 Las personas que no son seguras para ti a menudo te echan la culpa de los problemas. Esta es una señal de *gaslighting*. ¿Alguna vez tienes la sensación de ser el único causante de problemas en tu relación? Si es así, tenlo en cuenta como signo de que la relación no es segura. Además, ten compasión de ti mismo si sientes que eres el problema la mayor parte del tiempo. Si fuiste el chivo expiatorio de la familia (consulta el ejercicio «Identifica tu papel dentro de la familia», en la página 227), podrías ser más susceptible a esta forma de luz de gas. Cuando has adoptado este rol, es fácil hacerte creer que el problema es tu voz, tus necesidades o tus límites, y no los comportamientos de otra persona.

5 Las personas de confianza satisfacen tus necesidades básicas no negociables. Cuando imaginas tu yo futuro, ¿el modo en que te trata tu pareja (o cualquier otra persona) está en consonancia con esta vida? Si alguien no satisface ni una sola de tus necesidades no negociables, date cuenta de que no es de confianza ni está en sintonía con la vida, mejor y más auténtica, que te gustaría vivir.

6 Revisa tu lista y déjate guiar por tu intuición. ¿Tu pareja es segura o insegura para ti? En terapia, los clientes se suelen pasar meses, incluso años, intentando «analizar» si pueden sentirse seguros con su pareja. Sin embargo, si te escuchas a ti mismo, la respuesta te resultará clara, aunque sea dolorosa o desagradable. Si notas que alguien no es fiable, tienes varias opciones:

- Abandona la relación, sabiendo que no es sana para ti.
- Quédate, pero evita perder un tiempo precioso y energía emocional intentando cambiar o entender a tu pareja. Esto ayuda a crear una sensación de distancia, que puede parecer más segura. Por ejemplo, si se burla de tus sentimientos, no sigas contándole lo que sientes.
- Quédate, pero niega la realidad y gasta innumerables recursos –tiempo, energía, emociones, incluso dinero– intentando «cambiar» a tu pareja, que además es algo que no tienes derecho a hacer.

7 Procura no negar la realidad ni engañarte. No es necesario que estés preparado ni dispuesto a terminar la relación, pero tampoco necesitas seguir cuestionando tu realidad. Si te sientes inseguro, reconócelo.

Practica el autocuidado para proteger tu relación

La interdependencia requiere que te prestes atención, sobre todo si hay una parte de ti que espera que otra persona te dé un respiro. Además, cultivar una práctica diaria de autocuidado protege tus relaciones. No puedes servir té a los demás teniendo tu propia taza vacía: esta actividad te ayudará a mantener tu taza llena para evitar el resentimiento y, al mismo tiempo, estar realmente presente con tus seres queridos.

Herramientas:
Dos vasos, tazas o jarras
Recortes de papel o un cuaderno pequeño
Bolígrafo

Pasos:
1   ¿Hay una parte de ti que a veces se siente culpable por hacer cosas que te agradan aunque no te cueste lo más mínimo hacer cosas por los demás? Si es así, reconoce que es comprensible que dediques tu atención, tiempo, energía y recursos a los demás para recibir amor o aprobación e incluso por costumbre.

2   Haz una lluvia de ideas de todas las formas sencillas o extraordinarias en las que te gustaría llenar tu propia taza, y escríbelas en los trocitos de papel. Puedes dedicar tiempo a tejer, leer, ir de excursión, beber agua, salir a comer, hacer estiramientos o ir al cine. Sea lo que sea que te parezca reparador, escribe cada actividad en un recorte de papel o en un trocito de papel del cuaderno.

3   Ahora, dobla el papel de cada actividad para ocultar lo que has escrito. Coloca todos estos trozos separados dentro de

un vaso, un tarro o una taza de las que tengas en casa. En el exterior de este recipiente, escribe *Maneras de llenar mi taza* o cualquier otra cosa que ponga de relieve tu necesidad de recuperarte. En el otro recipiente, escribe *Maneras en las que me repuse* o cualquier otra frase que prefieras.

4   Si ahora tienes tiempo, saca tu primera actividad del vaso de actividades y date un capricho. ¡Disfruta! Una vez terminada esta actividad, coloca este trozo de papel en el recipiente de *Maneras en las que me repuse* para que te sirva de recordatorio visual de que estás poniendo límites a tu tiempo para cuidar de tus relaciones. Si te propones una actividad que requiere más tiempo del que realmente puedes dedicarle en este momento, programa una fecha para realizarla en una o dos semanas.

Tómate un respiro durante las discusiones

Los desacuerdos son una parte natural de las relaciones íntimas, puesto que sois seres humanos auténticamente diferentes. Por lo tanto, es esencial aprender a debatir. Tu respuesta de lucha-hui-da-parálisis se desencadena cuando discutes con alguien cercano. Cuando eso ocurre, la parte más racional de tu cerebro se bloquea. Por eso tan pocas discusiones son productivas en el momento. To-marse un respiro y volver a hablar de la situación más tarde suele ser la mejor opción. En esta actividad aprenderás una importante habilidad que se utiliza en terapia de pareja para proteger tu rela-ción durante las discusiones.

Pasos:

1   Cuando discutes con tu pareja, ¿te sientes alguna vez obli-gado a resolver la cuestión en ese momento? ¿Te frustra que tu pareja se cierre en banda? O puede que seas tú quien se cierre cuando te sientes empujado a dialogar.

2   ¿Cuál es el resultado habitual de tus discusiones con tu pare-ja? Quizá hayas mencionado cosas de las que te arrepientes o te haya dicho algo hiriente.

3   Explícale a tu pareja las ventajas de hacer pausas durante una discusión para proteger vuestra relación. Refiérete a discu-siones anteriores que terminaron mal y dile que te gustaría mejorar la situación tomándote un breve descanso.

4   Poneos de acuerdo sobre lo que cada uno dirá para indicar que necesita ese tiempo, por ejemplo: «Necesito un respi-ro». Recuerda que cada uno pedirá el descanso para sí mis-mo, no para su pareja. (Un consejo: Si crees que tu pareja necesita un descanso, probablemente tú también lo nece-sites). Estableced de antemano cuánto tiempo dedicaréis a

este descanso (por ejemplo, entre diez y veinte minutos), a qué parte de la casa irá cada uno para tener espacio y a dónde volveréis después de este tiempo separados. Es importante no salir de casa para que ninguna de las dos personas se sienta abandonada.

5 Cuando te sientas agobiado durante una discusión, di las palabras acordadas y tómate un descanso. Durante esta pausa, practica habilidades autocalmantes como la respiración profunda. Pon límites a los pensamientos repetidos sobre por qué tu perspectiva es correcta y la de tu pareja es errónea. Este tipo de pensamientos solo fomentará las rupturas de comunicación y los problemas en la relación. En lugar de eso, tómate un momento para reflexionar sobre por qué tu pareja puede estar apegada a su punto de vista. Aunque no estéis de acuerdo, ¿por qué tiene sentido que piense o se sienta así? Tener empatía y respetar la perspectiva de tu pareja cuando retoméis la discusión puede ayudaros a resolver la cuestión mucho más rápidamente.

6 Tras el tiempo designado para esta pausa, por ejemplo quince minutos, reuníos de nuevo en el lugar acordado. Intenta retomar la conversación utilizando tus habilidades de comunicación asertiva y de escucha, sin menospreciar la validez de los argumentos de tu pareja. Esfuérzate por encontrar puntos en los que coincidan. Si necesitas otra pausa, tómatela. Esto protege la relación y es mucho más importante que intentar resolver el problema de inmediato.

Fomenta la empatía

Por regla general, las personas con límites porosos se centran en cuidar de los demás. Sin embargo, en momentos de conflicto, es natural la tendencia a fijarse en uno mismo y hacerse entender, cueste lo que cueste. En esta actividad, pondrás límites a tu ansia de ser comprendido, de modo que también puedas ser empático con tu pareja.

Pasos:

1 La próxima vez que haya un conflicto con tu pareja, pregúntate: «¿Cuál es su punto de vista? ¿Por qué es importante para él o ella?». Busca respuestas amables, pero intenta ser objetivo. Por ejemplo, podrías pensar: «Mi cónyuge no quiere que beba porque me comporto mal cuando estoy ebrio».

2 Pregúntate si has traspasado sus límites. Por ejemplo, quizá te des cuenta de que no es justificable actuar de manera desagradable aunque hayas bebido.

3 Busca el equilibrio entre tus necesidades y el deseo de proteger la relación con empatía. Por ejemplo, podrías pensar: «Quiero relajarme, y beber ayuda... pero tengo que tratar bien a mi pareja».

4 Cuando volváis a hablar del tema, concédele valor a lo que sea posible desde la perspectiva de tu pareja. Sin embargo, no justifiques los comportamientos inaceptables. Puedes equilibrar estas necesidades con alguna explicación como: «Entiendo perfectamente que no te guste que beba, porque alguna vez me porté mal bajo los efectos del alcohol. Siento mucho haberte hecho sufrir. Pero estoy muy estresado y beber me ayuda a relajarme».

5 Esfuérzate por encontrar una solución que funcione para los dos. Por ejemplo, podrías decir: «Podría beber solo un poco de cerveza por la noche. De este modo, podré relajarme después del trabajo, pero sin llegar a perder el control».

La empatía fortalece las relaciones

Sin empatía, las relaciones se rompen. Tu pareja puede marcharse por desgaste y desesperación si te niegas a poner límites a tu ansia de ser comprendido y a la vez rehúsas darle tu comprensión. Es importante no estancarse en el pensamiento de «todo o nada» sobre quién tiene «razón», ya que sois un equipo.

Pon límites a la presión sexual

La presión sexual por parte de la pareja es un tema tabú. La gente suele avergonzarse de mencionar este asunto, por lo que rara vez se habla de que es posible que una pareja te coaccione o te agreda sexualmente. Debes saber que si tu pareja te presiona, te culpa o te obliga a mantener relaciones sexuales, no eres un caso aislado o único.

Que alguien te presione para tener relaciones sexuales constituye una vulneración de los límites sexuales. En esta actividad, aprenderás a poner límites a la presión sexual. Si sientes que este tema puede alterarte, tómate un descanso o espera hasta que te sientas preparado para realizar esta actividad.

Herramienta:
Rotulador

Pasos:
1 Lee la siguiente lista de derechos. Subraya cualquiera que te cueste aceptar plenamente:

- Tienes derecho a tus propias preferencias y orientación sexuales.
- Tienes derecho a decidir cuándo, cómo y con quién quieres mantener relaciones sexuales.
- Tienes derecho a dar tu consentimiento y a revocarlo. Esto es así en cualquier momento, incluso en una relación duradera o en el matrimonio.
- Tienes derecho a decidir sobre el uso del preservativo, la prevención del embarazo y los deseos sexuales para sentirte seguro/a. (Que alguien mienta sobre el uso del preservativo o cualquier método anticonceptivo es una transgresión de los límites sexuales).

- Tienes derecho a dar tu consentimiento a la realización de filmaciones o fotos sexuales. (Filmar o hacer fotos de tu actividad sexual sin tu consentimiento y compartir estas imágenes sin él constituyen una vulneración de los límites).

2 Durante tu infancia o incluso en la edad adulta, ¿te inculcaron alguna noción sobre el valor de tu atractivo sexual, como, por ejemplo, que tener relaciones sexuales es la forma de mantener a una pareja? ¿Aprendiste que estás obligado a tener relaciones sexuales en una relación? Entiende por qué puedes cuestionar a veces tus derechos sexuales básicos y por qué es posible que en el pasado te hayas visto obligado a dar tu consentimiento cuando no era auténtico.

3 ¿Sientes que tu pareja te manipula para tener relaciones sexuales? Si utiliza el sexo para validar su atractivo o sentirse «querida» o «querido», son señales de que ve el sexo como una herramienta para sentir seguridad o controlarte, más que como una expresión de intimidad. En este caso, tal vez necesites el apoyo de un terapeuta de pareja para entender cómo tu compañero o compañera interpreta el sexo y la verdadera intimidad.

4 Decide los límites que necesitas para sentirte seguro. Por ejemplo, una necesidad puede ser asegurarte de que se utiliza el preservativo para evitar enfermedades y embarazos. Otra podría ser abstenerse de mantener relaciones sexuales antes de solucionar una discusión. Si no se respeta tu «no», es un signo muy preocupante de maltrato. Acude a terapia de pareja para aumentar la seguridad en la relación. Aunque tu pareja no esté dispuesta a ir a terapia, podríais beneficiaros enormemente de la terapia individual.

5 Ábrete a otras formas de comunicarte que tiendan un puente entre tu derecho a la seguridad sexual y los deseos de tu

pareja. ¿Podéis acordar formas de intimidad física que no tengan naturaleza sexual, por ejemplo abrazaros o daros masajes no eróticos? Haz saber a tu pareja que puedes necesitar esto para volver a sentirte sexualmente seguro si ha habido una historia de presión sexual.

Apoyar al otro en lugar de tratar de «arreglarlo»

La intimidad consiste en mostrarte tal y como eres y dar a la persona amada el espacio para hacer lo mismo. Cada uno permite al otro vivir plenamente su experiencia humana, y esto incluye sentir una amplia gama de emociones. Asimismo, significa apoyarse mutuamente en lugar de intentar salvar al otro. En esta actividad, practicarás ser más cariñoso poniendo límites a la hora de responsabilizarte de problemas y sentimientos que no son tuyos.

Herramientas:
Papel y bolígrafo

Pasos:
1 ¿Hay alguna razón por la que estés preocupado por tu pareja en este momento? Quizá acabe de quedarse sin trabajo.

2 Escribe cómo has intentado resolver este problema o hacerle sentir mejor. Tal vez estés intentando levantarle la moral.

3 Ten en cuenta que tienes derecho a tus propias emociones, pero que las de tu pareja no son tuyas. Este es un paso importante para diferenciarte y respetar sus límites. Reconoce y aprecia tus propias emociones. Es natural sentirse preocupado por la pérdida de trabajo de tu pareja, por ejemplo.

4 Tranquilízate y piensa que no puedes hacer frente a la situación por tu ser querido. Puedes aliviar tu propia tristeza escribiendo un diario, por ejemplo, pero tu pareja tiene que tomar la decisión de calmarse. También tiene derecho a no hacerlo, y en ese caso tal vez tengas que calmar tu disgusto. Acostúmbrate a aceptar estas verdades que te resultan incómodas.

5 Recuerda que tu pareja es responsable de afrontar sus emociones y resolver sus problemas. Tiene derecho a encontrar

su propio camino y a cometer errores. Respetar esto te permite darle seguridad.

6 Hay momentos en que debes poner límites a tu necesidad de salvar a alguien, para, de esa manera, permitirle que siga su propio proceso. Una señal de que intentas rescatar al otro es estar preocupado por sus problemas o sentimientos y buscar soluciones sin cesar. Si sientes que tienes que ser el padre, la madre o el terapeuta de alguien, es una clara señal de rescate. Lo que de verdad ayuda es estar disponible y presente para escuchar a la otra persona. Sin embargo, puede que necesites tomarte descansos para asegurarte de que te tranquilizas y de que te estás ocupando de otras tareas necesarias en tu vida.

Capítulo 10

Protege tu comunidad y tus amistades

Tus relaciones con tus amigos y con esas conexiones sociales que tanto aprecias dentro de la comunidad son extremadamente importantes. En este capítulo, profundizarás en los límites que protegen tu sentido de comunidad, tus amistades y otras relaciones. El objetivo principal será la importancia de ser auténtico, porque si no te muestras tal y como eres, no podrás experimentar una verdadera conexión con los demás. Las actividades te enseñarán a poner límites internos a los comportamientos personales que te hacen sentir desconectado, como, por ejemplo, compararte y juzgar a los demás.

Juzgar a los demás, aunque sea una conducta muy habitual, te envía el mensaje de que tú también corres constantemente el riesgo de que te juzguen. Estas amenazas a la sensación de pertenecer a una comunidad pueden llevarte de forma natural a centrarte en complacer a la gente en lugar de ser quien verdaderamente eres. Podrías, por ejemplo, resistirte a hablar de algo que te molesta para no disgustar a los demás o «significarte». Pero silenciar tus opiniones alimenta aún más la sensación de que tus pensamientos y tus necesidades no son importantes. Para llegar a unos límites sanos hay que practicar la elección de ser auténtico poco a poco, y las actividades de este capítulo te ayudarán a conseguirlo.

La soledad y el hábito de complacer a la gente

La sensación de desconexión social es uno de los principales factores de la depresión. Esta desconexión puede consistir en soledad y aislamiento, pero también puede tratarse de un sentimiento más interno. De hecho, una persona puede sentirse sola aun estando rodeada de gente, y esta es una experiencia muy dolorosa. Unos límites sanos te permiten sentirte a salvo con los demás y, al mismo tiempo, ser también seguro para ellos. Este proceso transforma la desconexión social y te permite desarrollar y mantener vínculos duraderos que te nutren.

Una de las mayores causas de la desconexión social es un miedo muy común a no gustar. Por eso mucha gente hace todo lo posible por ocultar su verdadero yo. Pueden recurrir al consumo —comprar las últimas tendencias en moda, por ejemplo— como un sustituto barato de la conexión. Aunque es comprensible, cuando ocultas tu verdadero yo, no experimentas las auténticas recompensas de la comunidad y los vínculos sociales. Tratar de aparentar que «no eres menos que los vecinos» es una forma de complacer a otros que no conduce a una verdadera conexión.

A menos que te sientas aceptado por los demás tal y como eres de verdad, seguirás sintiendo una sensación de inseguridad y desconexión. Cuando actúas y te adaptas para que te acepten, es natural que te preguntes si seguirías gustando a tu gente si esta te conociera de verdad. Quizá lo más doloroso sea que, al vivir buscando la aprobación y aceptación de los demás, terminas por no saber ni siquiera quién eres en realidad. Podrías descubrir que te has perdido en los roles que representas o en relaciones sin límites sanos.

La confianza favorece la verdadera conexión

Aprender a conectar, aceptar y mostrar a los demás tu auténtico yo es un componente fundamental de los vínculos sanos y significativos. Cuando estableces límites sanos, puedes sentirte seguro al hacerlo. Sabes que, aunque experimentes rechazo o traición, superarás la situación, porque puedes confiar en tu capacidad para autocalmarte y hacer frente a los problemas. Los límites también te ayudan a sentirte capacitado para protegerte, ya que sirven para valorar la fiabilidad de las personas a lo largo del tiempo. La confianza es, básicamente, el concepto de creer que alguien tiene en cuenta tus intereses y que puedes contar con él o ella. Sabrás si alguien es digno de confianza viviendo distintas experiencias que te revelen información personal de manera gradual y a lo largo del tiempo. Por ejemplo, si compruebas que alguien mantiene en secreto lo que le cuentas de forma privada, eso es un signo de fiabilidad.

Evaluar la fiabilidad te permite entender que, aunque hayas tenido experiencias dolorosas que te hicieran anhelar exageradamente el contacto social o, por el contrario, desconfiar mucho de la gente, puedes encontrar un mejor equilibrio. Podrías, por ejemplo, cuidarte de hablar en exceso con quienes aún no han demostrado ser de fiar, para evitar los límites porosos. Al mismo tiempo, podrías mostrar tu auténtico yo poco a poco para comprobar la fiabilidad y no tener límites cerrados. Esta es la práctica de mostrar una vulnerabilidad adecuada, necesaria para protegerte en todas tus relaciones.

Es bueno ser (adecuadamente) vulnerable

Una vulnerabilidad adecuada te permite poner límites a dar demasiado a los demás, lo que a menudo conduce al resentimiento o a relaciones unilaterales. Todos los seres humanos necesitamos el apoyo y la atención de los otros. Ser demasiado independiente —o dependiente— es una cuestión de límites. Aprender a ser adecuadamente vulnerable significa que puedes pedir y aceptar apoyo sin controlar la ayuda que recibes. Este tipo de apoyo te permite vivir con menos estrés y mayor conexión. Asimismo, fortalece tus relaciones, porque los verdaderos amigos también quieren apoyarte.

Parte de esta vulnerabilidad adecuada significa que, aunque siempre debes ser auténtico, distintas personas de tu vida pueden ver de forma natural diferentes facetas de tu verdadero ser. Por ejemplo, puede que siempre seas auténtico, pero tus compañeros de trabajo verán partes de tu personalidad que tu pareja o tu mejor amigo quizá no conozcan. Además, por seguridad, es mejor tomarse tiempo para evaluar la fiabilidad de los compañeros, porque el entorno laboral es propicio a la traición.

Junto a esta vulnerabilidad adecuada, tienes derecho a la privacidad. A veces, las personas con límites porosos temen que la privacidad sea lo mismo que el secretismo. Sin embargo, en todas las relaciones sanas, hay cosas que nunca sabrás de la otra persona, porque tiene derecho a sus propios pensamientos y sentimientos privados. Esta intimidad conduce a una diferenciación sana, en lugar de al amalgamamiento.

Renuncia a la perfección

Para gozar de unos límites saludables has de olvidarte de la idea de que puedes o debes ser perfecto en tu vida: en tu trabajo, en tus funciones, en tu apariencia, en tu intelecto, etc. Del mismo modo, no puedes esperar complacer al cien por cien a los demás anticipándote siempre a sus necesidades, deseos o expectativas. Inevitablemente, a veces se sentirán disgustados o decepcionados contigo porque no puedes predecir con exactitud sus necesidades: son ellos los que tienen que comunicártelas. Además, descubrirás que te sientes constantemente ansioso, agotado y, a menudo, deprimido por esta tarea imposible. Los límites sanos te proporcionan la claridad de que intentar complacer continuamente a los demás es una batalla interminable y destinada al fracaso.

Tener límites sanos en las relaciones es muy complicado a veces, sobre todo si te avergüenzas de tu yo auténtico y único. Las experiencias difíciles vividas durante la infancia (o en la edad adulta) que te hicieron sentir que no eras «lo bastante bueno» podrían hacerte pensar, comprensiblemente, que tu yo verdadero no es aceptable. Estas heridas pueden haberse originado en tu familia, dado que estas relaciones influyen en tu sensación de ser aceptable en todas las demás relaciones. O bien podrían haberse producido en las relaciones con tus compañeros, por ejemplo por haber sufrido acoso escolar; por haberte mudado a menudo, de modo que no llegaste a entablar amistades íntimas, o por haberte sentido siempre diferente de tus compañeros de clase.

Puedes encontrar personas que te acepten tal y como eres. Pero para experimentar esta verdadera pertenencia, debes tomar medidas que te permitan mostrar tu verdadero yo. Cuando notes que estás actuando para los demás o que intentas ser perfecto, es importante que pongas límites a este comportamiento. Trata de permanecer conectado a tus verdaderos valores y recuerda que has nacido para disfrutar de la riqueza de la vida. Esto te permitirá experimentar una verdadera sensación de pertenencia cuando estás con los demás que constituya la base de las relaciones más gratificantes de este mundo.

Deja de ser tan complaciente

El camino para vivir con auténtica alegría, paz y satisfacción consiste en estar en consonancia con tu auténtico yo. No podrás vivir con autenticidad –y encontrar esa felicidad verdadera– si antepones complacer a los demás a ser auténtico contigo. En esta actividad encontrarás ideas para evitar agradar a toda costa a los otros y aprender a vivir con una mayor autenticidad.

Pasos:

1   ¿Alguna vez te sientes culpable o avergonzado cuando tienes opiniones diferentes a las de los otros? Plantéate por qué temes el rechazo: ¿tiene sentido teniendo en cuenta tus experiencias vitales?

2   Aunque en ocasiones sea prudente callar, ¿el hecho de callar para agradar a la gente ha perjudicado alguna vez a tu salud mental o a tus relaciones? ¿Tu silencio ha afectado alguna vez a tu salud física? Por ejemplo, comer algo que sabes que te sienta mal con tal de no disgustar al anfitrión.

3   Ponle límites a la complacencia con la gente de forma gradual. Practica la sinceridad en situaciones sociales con los siguientes pasos:

   • **Di no con delicadeza.** Por ejemplo, puedes decirle a alguien que prefieres no seguir hablando de un tema porque te resulta estresante o declinar una invitación social con amabilidad y claridad (en lugar de resentirte con quien te invitó si vas o de cancelarla en el último momento). Puedes hacerlo simplemente diciendo algo como: «No voy a poder ir a la fiesta, pero gracias por invitarme».

- **Comparte tus opiniones sinceras.** Empieza con temas neutros, como una perspectiva diferente sobre un programa de televisión o una película. También podrías practicar esta habilidad uniéndote a un grupo como un club de lectura en el que no conozcas a nadie.

Reflexiona sobre tu propio comportamiento

Las investigaciones demuestran que la desconexión social activa el «sistema de alarma» del cerebro, que evalúa las amenazas a la seguridad y pone en marcha la respuesta de lucha-huida-parálisis. Esta sensación de peligro puede desencadenarse por las críticas o el rechazo ajenos. Otras veces, el sentido de pertenencia se ve amenazado por comportamientos personales, como compararse con otros o aislarse. En este ejercicio, pondrás límites a cualquiera de tus propios comportamientos que te hagan sentir desconectado de los demás.

Herramientas:
Papel y bolígrafo

Pasos:

1   Divide el papel en tres columnas. Rotula la primera columna con el título *Comportamientos*, la segunda con *Sentimientos* y la tercera con *Pasos de acción*.

2   ¿Alguna vez te comparas con los demás, positiva o negativamente? Escribe las formas en que lo haces en la primera columna.

3   En la segunda columna, describe cómo te hacen sentir estas comparaciones. ¿Te sientes más o menos unido a los demás cuando te comparas? Es completamente natural compararse, pero quizá descubras que este hábito mental te hace sentir avergonzado y, por tanto, desconectado de los demás.

4   ¿Lees alguna vez cotilleos? ¿O te dedicas a cotillear con los demás? ¿De qué manera? Añade estos pensamientos a lo que ya has escrito en la primera columna.

5 En la segunda columna del papel, escribe cómo te hacen sentir los cotilleos en tus relaciones. A veces los chismes y los juicios que conllevan sobre los demás te envían el mensaje (consciente o inconscientemente) de que los otros también te están juzgando negativamente.

6 ¿Alguna cuenta de las redes sociales te hace sentir que quien eres por naturaleza no es lo bastante bueno? Anota cualquier cosa que te surja en torno a las redes sociales en las dos primeras columnas como relevante.

7 Teniendo en cuenta tus respuestas de la primera y segunda columnas, ¿hay algún comportamiento que quieras limitar o alguna cuenta de redes sociales que quieras dejar de seguir? Escribe tus ideas en la tercera columna. Si lo ves apropiado podrías, por ejemplo, comentarle a tu mejor amigo que quieres dejar de cotillear tanto.

Comprueba si las redes sociales
te hacen sentir más o menos solo

Lamentablemente, existe una epidemia de soledad en Estados Unidos y otros países desarrollados. Según encuestas realizadas en 2021, más de la mitad de los adultos estadounidenses (el cincuenta y ocho por ciento) se sienten solos. Este aislamiento social duele literalmente: las investigaciones demuestran que el cerebro procesa el dolor físico y la desconexión social en la misma región. Además, el aislamiento social puede afectar negativamente a tu salud: ¡sus efectos pueden ser tan devastadores como fumar quince cigarrillos al día! Es natural que experimentes vergüenza por sentir esa soledad, pero ten en cuenta que tu caso no es único. Un elevado número de personas se siente así. Y no tiene nada de raro: la verdad es que en la edad adulta cuesta más hacer amigos.

Mucha gente utiliza las redes sociales para mantenerse en contacto con los demás. Lo irónico es que según las investigaciones cuanto más las utilizas, más aislado socialmente te sientes. Esta actividad te ayudará a identificar si las redes sociales ayudan a tu soledad o la empeoran.

Herramientas:
Papel y bolígrafo

Pasos:
1   Piensa en las aplicaciones de redes sociales que usas. ¿Te sientes mejor/más feliz o peor/solitario/triste después de utilizarlas? Puede que ver a otros haciendo cosas divertidas con amigos te haga sentir mal por no socializar más a menudo, por ejemplo.

2 Haz una lista de los pros y los contras del uso de las redes sociales.

3 Repasa tu lista de aspectos negativos. ¿Qué límites podrías establecer para aliviar estas preocupaciones? ¿Podrías dejar de seguir a alguien o silenciar sus publicaciones? Por ejemplo, podrías borrar tus aplicaciones del teléfono y utilizar las redes sociales solo en tu portátil. Haz honor a los límites que estés dispuesto a establecer.

4 Practica la aceptación radical de que la soledad es una parte natural de la vida. Todas las personas experimentan esta emoción a veces.

Date cuenta de las compras o los cambios de aspecto que no son auténticos

No es ninguna vergüenza querer ser aceptado por los demás. Sin embargo, cuando tienes límites porosos, es comprensible que quieras comprar cosas para encajar en la sociedad o cambiar tu aspecto para estar a la altura de los otros. Por desgracia, ocultar tu verdadero yo te impide sentir la alegría, la conexión y la seguridad de la verdadera sensación de pertenencia. Para tomar conciencia de dónde pierdes esa conexión auténtica, vas a prestar atención a cómo tus compras o tu apariencia pueden no estar en consonancia con tu verdadero yo.

Herramientas:
Papel y bolígrafo

Pasos:

1 En primer lugar, pensemos en los objetos materiales. ¿Hay algún artículo que compres para estar a la altura de los demás (o por encima de ellos)? Podrían ser cosas como ropa o bolsos de diseño, botellas de agua, maquillaje promocionado por *influencers*, nuevas tecnologías o cualquier otro artículo que no comprarías a menos que sintieras que «deberías» hacerlo para encajar. Si es así, anótalo.

2 ¿Estas compras te proporcionaron aceptación por parte de alguna persona o grupo? Si es así, ¿qué sentiste? ¿Durante cuánto tiempo te «proporcionaron» la sensación de encajar?

3 ¿Te arrepentiste más tarde de alguna de estas compras? Calcula el coste de estas adquisiciones con las que pretendes cambiar de imagen, pero procura no juzgarte. Escríbelo en el papel.

4   Ahora pasemos a tu apariencia. Escribe todo lo que hagas a tu físico para encajar. Podría ser teñirte el pelo, tratamientos para la piel, ir al gimnasio, ponerte uñas postizas, hacer dieta, inyecciones cosméticas o cirugía. Recuerda que si alguno de estos cambios estéticos te produce verdadera alegría (por ejemplo, te encanta tener el pelo de distintos colores), se trata de un acto de autenticidad genuina y no debes anotarlo aquí. Anota únicamente lo que haces porque sientes que «debes» tener un aspecto determinado.

5   ¿Cómo te hacen sentir físicamente estos esfuerzos por controlar tu cuerpo o apariencia? ¿Y a nivel emocional?

6   Anota los costes económicos de estos esfuerzos por encajar físicamente.

7   Suma los costes de tus compras a todo lo que hayas gastado en tu apariencia. Simplemente presta atención a esta cifra.

8   Reconoce todos los tipos de presión que experimentas para tratar de ser diferente de lo que realmente eres a fin de ser aceptado. Esta presión puede provenir de tu familia, de las redes sociales o de amigos con los que compites, por ejemplo.

Pregúntate antes de publicar

Si utilizas las redes sociales, practica la atención plena cuando publiques. Pregúntate: «¿Quiero compartir? ¿O estoy presumiendo o intentando demostrar que lo hago bien (por ejemplo, que soy un buen padre)?». Si te das cuenta de que publicas para obtener aprobación, pon límites. Tu vida es importante sin la aprobación de los demás.

Acéptate tal como eres ahora

Cuando finges ser quien no eres para que otros te acepten, terminas perdiendo la confianza en ti. Los sentimientos de duda, ansiedad y depresión hacen que se resienta la relación que tienes contigo mismo. Con esta visualización, entenderás las razones comprensibles por las que anhelas la aprobación de los demás, y esto te ayudará a tratarte con más amor y, al mismo tiempo, te hará ver lo que de verdad te importa. De esta manera podrás vivir todas tus relaciones con una mayor autenticidad.

Pasos:

1   Siéntate en un lugar y posición cómodos. Respira hondo unas cuantas veces y relájate.

2   Imagina que eres capaz de viajar en el tiempo para encontrarte contigo mismo en tu vejez. Tu yo más viejo ha vivido una vida plena y ha aprendido muchas lecciones. Tiene una sabiduría increíble sobre tus experiencias actuales. Prepárate para escuchar sus reflexiones con la mente y el corazón abiertos.

3   Salúdalo y siente cómo te reconoce como un padre o una madre cariñosos: sabe exactamente por qué a veces ocultas tu verdadero yo.

4   Pregúntale qué le hubiera gustado saber sobre las personas por las que te esfuerzas tanto en ser aceptado.

5   Pregúntale qué ha aprendido sobre tu auténtica valía.

6   Pregúntale ahora qué le gustaría haber sabido sobre tu aspecto actual.

7   Al llegar al final de su vida, ¿cómo desearía haber gastado el
    dinero que tanto le costó ganar en vez de gastarlo en encajar?
    Fíjate en cómo reafirma tus valores.

8   Hazle cualquier otra pregunta que tengas.

9   Dale las gracias y visualiza que vuelves al momento actual
    con esta sabiduría futura. Anota estas reflexiones si quieres.

Pon límites a las comparaciones

Si alguna vez piensas que tú o tu vida no estáis a la altura de los demás, debes saber que tener esos pensamientos es propio de la naturaleza humana. Sin embargo, compararte negativamente con otros afecta a tu sentido de pertenencia a la comunidad y a tu salud mental. Con este ejercicio podrás darte cuenta de cuándo haces comparaciones y aprenderás a poner límites a ese hábito.

Pasos:

1 ¿Qué desencadena esas comparaciones negativas que haces? Quizá sean las redes sociales (aunque lógicamente sepas que la gente se encarga de mostrarte solo lo que quiere que los demás vean). O quizá sean determinados entornos, como el gimnasio. Estos son solo un par de ejemplos: ¿qué opinas tú?

2 ¿Cómo te hace sentir el compararte con otros? Muchas personas afirman que las hace sentirse inseguras o solas.

3 Procura poner límites a compararte negativamente:

   • Recordándote a ti mismo que todos los seres humanos somos imperfectos; todos tenemos inseguridades, defectos y anhelos de mejorar en una o más áreas de la vida.

   • Reinterpretando la envidia provocada por las comparaciones para verla como un indicio inspirador de cuáles son tus valores o deseos. Esa envidia que sientes, ¿qué revela acerca de lo que deseas? ¿Qué pasos podrías dar para hacer realidad tus sueños basándote en esta idea? Si tienes envidia de la gente con dinero, esto revela que quieres más recursos económicos. Podrías intentar conseguir un trabajo mejor pagado, volver a estudiar o aprender sobre inversiones, por ejemplo.

No juzgues, discierne

Cuando alguien tiene límites porosos, a menudo no solo se siente presionado para caerle bien a todo el mundo, sino que también quiere que todos le gusten. Sin embargo, esto no es auténtico. La verdad es que algunas personas lo sacan de sus casillas o lo hartan. Cuando aceptas la verdad de que no puedes gustarles a todos ni tampoco disfrutar con todo el mundo, te das cuenta de qué opciones tienes para autoprotegerte de una manera saludable. Con esta actividad, verás cómo poner límites a ese pensamiento de todo o nada, indagando en la diferencia entre juzgar y discernir sanamente.

Pasos:

1 ¿Hay alguien que no soportas o a quien tiendes a juzgar? Reflexiona sobre esto un momento, teniendo en cuenta que a veces es natural que no te gusten ciertas personas.

2 ¿Qué es lo que no te gusta de esa persona? Escucha como lo haría un padre cariñoso, en lugar de juzgarte a ti mismo.

3 Tienes derecho a respetar lo que te funciona o no. Esta es tu burbuja del ejercicio «Visualiza tus límites» de la página 28 en acción. Hazlo replanteando el juicio como discernimiento. Esta es la diferencia:

- Juzgar es fijarse en las características de alguien y creer que esa persona o tú estáis equivocados (o en lo cierto).
- Discernir es darse cuenta de que cada uno tiene derecho a sus propias opiniones y personalidades. Cuando disciernes, nadie es «malo», pero puedes darte cuenta con claridad de que esa persona no es adecuada para ti.

4 Puedes hacer respetar tus propias necesidades sin tener que demostrarle a nadie que se equivoca. ¿Qué límites necesitas establecer con esta persona? Tal vez tengas que hacerte valer o tomar medidas para poner distancia en la relación, por ejemplo.

Diviértete a lo grande

A menudo se pasa por alto la importancia de divertirse. Esa omisión es una consecuencia natural de esta cultura del ajetreo en la que vivimos, que enseña que el trabajo debe ser tu máxima prioridad. También es frecuente que uno se sienta culpable por el deseo humano de divertirse, sobre todo si se siente abrumado por las responsabilidades. En esta actividad, reivindicarás tu derecho a la alegría.

Herramientas:
Papel y bolígrafo
Calendario de papel o aplicación de calendario

Pasos:

1 ¿Alguna vez te aturdes cuando necesitas un descanso, por ejemplo pasando pantallas, jugando a juegos *online* o bebiendo? ¿Te sientes peor después de estas actividades? Si es así, fíjate en este hecho, pero hazlo con una actitud comprensiva.

2 La auténtica diversión es reconstituyente: te hace sentir descansado y lleno de energía. Cuando piensas en esas actividades, ¿qué se te viene a la mente como tu favorita? Quizá sea algo que antes te encantaba hacer, como pintar. Anota una lista de opciones.

3 ¿Surge algún pensamiento inmediato sobre por qué no podrías hacer estas actividades ahora? Acepta estas ideas como algo natural y reconoce que solo tú puedes dar los pasos necesarios para vivir tu auténtica y mejor vida.

4 Da un pequeño paso para divertirte más. ¿Qué te apetece hacer? Tal vez quieras ir a comer con un viejo amigo.

5   Programa ese pequeño paso y así te asegurarás de llevarlo a cabo. Si utilizas un calendario de papel, añade tu idea con un rotulador o un bolígrafo, para que tengas que detenerte a pensarlo bien si vas a cambiar de idea. Si utilizas un calendario digital y piensas llevar a cabo ese plan más de una vez, conviértelo en un evento recurrente automático para que siempre te lo recuerden.

Da prioridad al descanso

¿Alguna vez estás tan ocupado con tus amigos los fines de semana o en tus días libres que cuando vuelves al trabajo te sientes agotado? También podrías estar ocupado con las actividades sociales de tus hijos, como los torneos de fútbol, y los padres que ves allí. En cualquier caso, ¿alguna vez te sientes desbordado porque parece que no puedes descansar lo suficiente o ponerte al día con las tareas de casa, como la colada?

Los límites porosos con los amigos y la comunidad nos llevan a un desequilibrio. En un extremo del espectro está la sensación de aislamiento total, y en el otro, una persona puede estar tan ocupada socialmente que no es capaz de respetar esa necesidad humana básica de descansar para mantenerse física y mentalmente sana. Este ejercicio es para quien tenga la agenda demasiado apretada. Tomarás medidas para equilibrar la energía que gastas con los demás y permitirte tiempo para recargarte.

Pasos:

1   Primero, plantéate por qué agendas tantas actividades. A veces hay una razón más profunda para estar ocupado. ¿Quieres ser popular o parecer un buen padre o madre? ¿O tienes miedo de quedarte a solas con tus propios pensamientos? Observa qué es verdad en tu caso.

2   Fíjate ahora en tu horario. ¿Hay días o periodos de tiempo que parezcan sobrecargados? Piensa en cómo te sentirías si cancelaras algunos compromisos. ¿Cómo reacciona tu cuerpo ante esa idea? ¿Te sientes ansioso o aliviado? Cualquier reacción es buena, pero presta atención a lo que sientes.

3 Decide a qué necesitas poner límites para tener más equilibrio. Escucha a tu intuición: es muy probable que conozcas la respuesta.

4 Da pequeños pasos para concederte más descanso y espacio. Por ejemplo, podrías quedarte en casa un domingo al mes para recuperarte.

Limita el agotamiento

La autora y profesora Brené Brown explica que para tener una verdadera autoestima es necesario «cultivar intencionadamente el sueño y el juego, y dejar de lado el agotamiento como símbolo de estatus y la productividad como indicativo del valor de la persona». Al establecer estos límites, estás demostrando ser muy valiente, ya que contradicen muchos valores sociales.

Da con generosidad, pero con autenticidad

Las relaciones sanas son interdependientes: el «cuidado del otro» se equilibra con el cuidado de uno mismo. Para asegurarte de mantener relaciones interdependientes con tus seres queridos, es importante dar a los demás solo cuando te sientas alineado con tus valores y prioridades. Tanto si ofreces tu tiempo como tu dinero, tu experiencia o tu esfuerzo, este ejercicio te enseñará a detenerte y preguntarte si lo estás haciendo con autenticidad.

Pasos:

1 ¿Alguna vez te niegas a ti mismo actividades divertidas o reparadoras, como un viaje con amigos, porque te sientes responsable de otros? Por ejemplo, quizá te preocupe que tu pareja no coma bien mientras estés fuera, así que prefieres no salir.

   - ¿Cómo afecta a tus relaciones el negarte a ti mismo? Por ejemplo, tus amistades sufren porque no les dedicas tiempo y estás resentido con tu pareja porque no es capaz de alimentarse bien sin ti.

   - Piensa que el hecho de dar de forma poco auténtica no solo puede causar resentimiento, sino que también podría estar restando poder a tus seres queridos. Por ejemplo, si tu pareja no aprende a cocinar. O si siempre eres el paño de lágrimas para los dramas sentimentales de un amigo y este no se siente motivado para romper el ciclo malsano.

2 De cara al futuro, cuando vayas a dar a los demás tu tiempo, energía o recursos, pregúntate: «¿Es auténtico este dar?». No pasa nada si haces un sacrificio cuando te parece verdaderamente importante. A veces forma parte del equilibrio

de las relaciones sanas. Pero si no es así, no ofrezcas apoyo o ayuda; más tarde, probablemente te sentirás estresado o resentido. Esto sucede también cuando eres generosamente flexible con tus límites: no hagas excepciones si luego te arrepientes o te resientes con alguien por ello.

Cuarta parte

Avanzando

Cuando termines este libro, recuerda que la necesidad de establecer límites no desaparece nunca. Es imposible llegar a ser tan experto en el establecimiento de límites como para no tener que volver a hacerlo nunca más. En tus relaciones, siempre tendrás que seguir ajustando tus límites, porque son flexibles y suelen cambiar con el tiempo. Por ejemplo, tus límites con tu pareja podrían evolucionar a medida que tus hijos crecen. También tendrás que poner límites cuando experimentes nuevas situaciones, oportunidades y relaciones, para asegurarte de que tu compromiso con los demás va a la par con tu autoprotección. El cambio no es lineal y las distintas experiencias o relaciones cambiantes te llevarán, de manera natural, a revisar tus límites o a crecer de nuevas formas. Presta atención a tus opciones (y a tu ira) para seguir protegiéndote a ti mismo y a tus relaciones. En esta parte, tendrás que dar dos pasos muy importantes en tu viaje hacia el establecimiento de límites: ponerle límites a cualquier voz que te diga que aún no has hecho «lo suficiente» y felicitarte por todo lo que has hecho.

Capítulo 11

Protege tu compromiso de cambiar y evolucionar

Comprometerte a centrarte en las habilidades de establecimiento de límites es una experiencia que te cambia la vida. Al hacerlo descubres que ahora tienes más tiempo, menos estrés y mejores habilidades para relacionarte. Sin embargo, establecer límites también es un proceso continuo. Tus límites pueden evolucionar, y lo harán inevitablemente, a medida que crezcas, aprendas y experimentes. Todos pasamos por momentos en los que las cosas están tranquilas y estables, y momentos en los que todo parece agitado. Mantener y actualizar tus límites y tu conexión contigo mismo es una forma de gestionar estas fluctuaciones naturales de la vida.

En este capítulo, te centrarás en practicar cómo ajustar tus límites cuando sea necesario, por ejemplo al enfrentarte a un gran cambio vital, y cómo mantenerte conectado contigo mismo en los momentos difíciles. La mejor manera de decidir qué hacer a continuación es siempre volver a tu auténtico yo.

Felicítate por tu progreso

A medida que sigas trabajando en el establecimiento de límites, llegarás de forma natural a puntos en los que empezarás a ver el éxito. Por ejemplo, tal vez:

- Has encontrado más equilibrio en tu vida porque has establecido límites en torno a tu tiempo.
- Has mejorado tu bienestar mental y físico gracias a tu práctica de autocuidado.
- Has aprendido a escuchar tu intuición con mayor claridad; por eso confías más en ti.
- Ahora te sientes más seguro y fuerte siendo tu auténtico yo.
- Has desarrollado habilidades para tener relaciones personales más sanas, equilibradas, equitativas y conectadas.
- Has aprendido a honrar tu necesidad de seguridad, garantizando al mismo tiempo la seguridad a los demás.
- Has sido fiel a tus convicciones al tiempo que respetabas las de los otros: la dialéctica en acción.
- Has negociado con los demás, ya que los límites sanos son flexibles.
- Has descubierto que los malentendidos son naturales y has aprendido a tomarte descansos para tranquilizarte cuando lo necesitas, y de esta manera proteger también tus relaciones.

Junto a estos logros, puede que hayas descubierto algunas verdades desagradables sobre algunas personas de tu vida o experiencias que pueden dañarte. Cuando surgen estos sentimientos, suelen ser dolorosos, complicados y confusos. Pero en realidad son señales de que has tenido éxito en tu viaje. Otra señal de este tipo es comprender que algunas de tus relaciones pueden haberse vuelto más difíciles a medida que expresabas tus necesidades y tenías la oportunidad de evaluar quién es fiable y quién no para ti. Por último, otra señal profunda, aunque dolorosa, de crecimiento es encontrarte con la rabia y el dolor por relaciones con límites poco saludables que pueden haberte hecho cuestionar tu derecho a la autoprotección.

El poder de perdonar a los demás y perdonarte a ti mismo

Experimentar sentimientos complejos de dolor e ira, y recuerdos de experiencias traumáticas, puede ser sumamente perturbador. Cuando eso ocurra, es importante que evalúes hasta qué punto estás seguro en la relación. Si no lo estás, sigue estableciendo límites, incluido el distanciamiento, cuando necesites protegerte.

Si la persona *es* fiable, pero te cuesta aceptar el pasado y dejar atrás el resentimiento, puedes optar por abordar el trabajo del perdón. La decisión de perdonar es muy personal y tienes derecho a decidir si te funciona o no; simplemente es una opción que merece la pena mencionar.

Perdonar a alguien no quiere decir que estés de acuerdo con cómo te ha tratado. Es aceptar radicalmente que el pasado ocurrió y no puedes cambiarlo; solo puedes evitar sentir el sufrimiento de aferrarte a él. Perdonar no significa renunciar al establecimiento de límites: puedes perdonar a alguien por el pasado y aun así tener que establecer límites. Si te sientes estancado en acontecimientos pasados, y la persona ya ha dejado de ser una amenaza, podrías mantener con ella una conversación abierta y sincera. Pero una vez que se disculpe y haya cambiado de verdad, es importante que no sigas tratando este tema con ella para que se sienta segura estando contigo. En su lugar, podrías hablar de ello con amigos de confianza o escribir en tu diario, por ejemplo.

Es tu derecho y tu elección decidir si quieres perdonar a alguien o no. En cualquier caso, considera la posibilidad de perdonarte *a ti mismo*. Perdónate por no haberte protegido en el pasado. Lo hiciste lo mejor que pudiste entonces y tomaste tus decisiones pasadas por razones válidas. Perdónate también si no has mejorado tanto como crees que «deberías» haber mejorado. No es posible dominar a la perfección el autodesarrollo: es un proceso que dura toda la vida.

¡Lo estás haciendo genial!

Lo bueno es que en este empeño no puedes fracasar: ¡las áreas en las que has tropezado te proporcionan nueva información! Intenta replantear tus «fracasos» transformándolos en señales de cuáles son tus anhelos. Por ejemplo, si estás enfadado contigo porque todavía no practicas un autocuidado constante, fíjate en tu anhelo de conexión contigo mismo y tu autocuidado. Este enfoque más suave te recuerda que sigues teniendo opciones.

De cara al futuro, recuerda que siempre dispondrás de alternativas. Si te sientes estancado, confuso o abrumado sobre un límite concreto, vuelve a las habilidades que has aprendido a lo largo de este libro. Mantente conectado con tus valores auténticos y tus necesidades no negociables. Continúa dando prioridad a tu autoprotección y reafirmándote –porque eres la única persona que puede hacerlo por ti– y sé flexible cuando puedas. Y sigue esforzándote por escuchar a tu intuición. En el fondo, tu mejor camino siempre estará claro cuando mires en tu interior: ¡puedes confiar en ti!

Revisa y actualiza tu mapa del tesoro

En el capítulo uno, en el ejercicio «Crea el mapa del tesoro de tus límites» (página 45), identificaste tus objetivos para el proceso de establecimiento de límites. Este mapa del tesoro representaba un plan de tratamiento que suele establecerse al principio de la terapia. Parte del proceso de curación implica revisar tus objetivos: dónde empezaste, qué has conseguido y qué te queda por conseguir. Dedica ahora un momento a revisar tu mapa del tesoro para ver tus progresos y tus necesidades de crecimiento continuo.

Herramientas:
Tu mapa del tesoro del ejercicio «Crea el mapa
del tesoro de tus límites» del capítulo uno
Bolígrafo

Pasos:
1 Identifica tus progresos en tu mapa del tesoro. ¿Qué has conseguido a lo largo de esta trayectoria? Reafirma y celebra tus esfuerzos. Aquí tienes algunos ejemplos:
   - Les dije a mis padres que no podría visitarlos este verano y ¡fue mucho más fácil de lo que pensaba!
   - Vaya, se me había olvidado por completo el placer de leer. Ahora leo cuando me baño, al menos un par de veces a la semana. ¡Es un progreso estupendo en lo que respecta al autocuidado!

2 ¿Hay algo que aún no hayas conseguido? Tómatelo como lo haría un buen padre o madre: el autodesarrollo consiste siempre en progresar, no en llegar a la perfección. Con los resultados descubres lo que funciona y lo que no, solo eso; así como dónde puede ser necesario más apoyo. ¿Con

qué barreras te has topado? ¿Qué apoyo necesitas? Añade otros puntos a tu mapa según sea necesario para anotarlo. Por ejemplo:

- Mi marido se pone a la defensiva cuando le hablo de las tareas domésticas, y entonces me cierro en banda. Quizá tenga que explicarle mi patrón de conducta para poder abordar eficazmente el tema de las tareas. Puedo crear un nuevo guion asertivo. Además, consultaré los libros sobre relaciones que figuran en la sección de recursos.

3   Al revisar tu mapa y analizar tus éxitos y tus necesidades continuas, piensa si ahora tienes objetivos nuevos o actualizados. Si es así, añádelos a tu mapa del tesoro, junto con cualquier otro objetivo secundario. Si quieres hacer un mapa completamente nuevo, no lo dudes. Parte del viaje terapéutico consiste en evaluar tus progresos y en seguir actualizando tus objetivos a medida que te sientas llamado a hacerlo.

Deja que tu ira te muestre tu próximo límite

Lo mejor que puedes hacer para descubrir los límites que quizá necesites establecer en el futuro es prestar atención a tu ira. La ira siempre pone de manifiesto una necesidad insatisfecha o un límite vulnerado, aunque aún no seas consciente de cuál es. En esta actividad, descubrirás dónde aparece la ira en tu cuerpo para que puedas recibir los mensajes que te está enviando. Una vez que el establecimiento de límites se vuelva algo natural gracias a tu práctica y tu concentración continuas, podrás seguir contando con tu ira para que te señale las áreas a las que necesitas prestar atención.

Herramientas:
Papel y bolígrafo

Pasos:
1 Dibuja una silueta humana sin muchos detalles en el papel. Si tiendes a criticar tu cuerpo o tu capacidad artística, dibuja simplemente un monigote como el que haría un niño.

2 Cuando estés enfadado (frustrado, irritado, molesto, etc.) o resentido (que es el enfado de larga duración), practica la atención plena a las sensaciones de tu cuerpo para darte cuenta de cómo te sientes. Marca con una estrella o una cruz los lugares de tu cuerpo en los que sientes ira. Las sensaciones físicas que suelen asociarse a la ira son:
• Tensión o contracción de la mandíbula
• Contener la respiración
• Ofuscarse
• Sentir que el corazón se acelera
• Enrojecer

309

- Apretar los puños o la parte superior del cuerpo
- Sentir que se te cierran los párpados

3 Cuando estés enfadado, observa estas u otras sensaciones físicas; luego escúchate como lo haría un padre cariñoso cuando su hijo le cuenta lo que le ha disgustado. Acepta tus sentimientos. Puede que tengas el impulso de ser destructivo (gritar, pegar, tirar cosas, ser crítico, etc.), pero no tienes por qué actuar siguiendo esos impulsos. Al contrario, cálmate para aprovechar el don de la ira sin que suponga un peligro para ti ni para los demás. Negar tu ira solo perjudicará tus relaciones, porque acabarás explotando contra los demás o te sentirás deprimido si mantienes tu ira en tu interior.

Crea un diario de confianza

Una de las herramientas más poderosas que puedes tener a medida que creces y cambias es el poder de confiar en ti. La autoconfianza te da seguridad en ti mismo mientras te proteges y proteges diversas partes de tu vida, así como tus relaciones. Además, te capacita para vivir de la forma más auténtica posible, porque crees en ti mismo y en tus decisiones. En este ejercicio, confeccionarás un diario de confianza al que podrás recurrir una y otra vez para recordarte tu poder y tu valía innatos.

Herramientas:
Diario o cuaderno

Bolígrafo

Pegatinas, fotos u otros adornos (opcional)

Pasos:
1   Este diario será un espacio para registrar todas tus victorias, grandes o pequeñas. Aquí tienes algunos ejemplos de acontecimientos y sentimientos que puedes anotar:

- Cada vez que experimentes una prueba de que eres capaz de ser valiente y asertivo.

- Los casos en los que has fijado límites con éxito.

- Los sentimientos que tuviste cuando hablaste con respeto, aunque estabas nervioso; cuando, por ejemplo, el restaurante se equivocó con tu pedido o tu proveedor cometió un error.

- Las veces que hiciste caso a tu intuición, ya fuera sobre tus límites o sobre otros temas; esto incluye darte cuenta de cuándo el camino al que te sentías llamado tuvo éxito, como después de empezar un pódcast.

2 Añade adornos, fotos o cualquier otra decoración que te ayude a registrar estas victorias.

3 Mantén tu diario de confianza cerca para poder escribir en él con frecuencia. Además, léelo y revísalo periódicamente para recordar todas tus victorias y superar las dudas sobre ti. ¡Te recordará lo capaz y asombroso que eres en realidad!

Afronta los grandes cambios de la vida

Todo el mundo se enfrenta a cambios importantes en su vida en algún momento. Tal vez hayas decidido trasladarte a otra ciudad, te hayan despedido o estés a punto de tener un hijo. Sea cual sea el gran cambio, si se va a transformar tu existencia, afectará también a tus límites. Tómate un momento para detenerte y reevaluar tu vida y tus necesidades, teniendo en cuenta este acontecimiento. El siguiente proceso de cuatro pasos te ayudará a evaluar qué has de mantener y qué tendrías que modificar mientras gestionas el cambio.

Pasos:

1   **Examina los límites que tienes ahora.** ¿Cuáles pueden permanecer tal como están? Por ejemplo, si te vas a vivir con tu pareja, podrías mantener los límites que ya has establecido sobre cómo y cuándo tratáis los temas difíciles.

2   **¿Alguno de tus límites ya no tiene sentido?** Si es así, está bien retirarlo. Podrías, por ejemplo, retirar los límites que estableciste con tu compañero de piso sobre no comer los alimentos preferidos del otro. Puedes darte las gracias por haber tenido el valor de tratar este tema con tu compañero en el pasado.

3   **¿Qué límites deben ajustarse ligeramente?** Por ejemplo, ahora que vas a vivir con tu pareja, es probable que tengáis que ajustar la forma en que podéis pasar tiempo a solas cada uno de los dos. Antes, os bastaba con iros a vuestra casa; ahora tendréis que acordar que, por ejemplo, al regresar del trabajo queréis pasar unos minutos a solas.

4   **¿Qué límites totalmente nuevos tenéis que añadir para acomodaros a este cambio?** Si te vas a vivir con tu pareja, es

probable que necesites nuevos límites en torno a las finanzas compartidas. O si vas a dar la bienvenida a un nuevo bebé, tal vez necesites establecer un nuevo límite que te comprometa a salir del trabajo cada día a una hora determinada.

Recárgate cuando estés agotado

Puesto que el proceso de establecer límites dura toda la vida, tendrás altibajos naturales en los niveles de energía y autoconfianza. En los altibajos, notarás que te sientes agotado y cada vez más desconectado de ti mismo. Si eso ocurre, procura darte cuenta y prestar atención lo antes posible. Esta actividad te ayudará a reconectar contigo y a recargarte cuando te sientas agotado.

Herramientas:
Papel y rotuladores, ceras o lápices de colores

Pasos:

1   Dibuja un círculo en el papel y divídelo en ocho partes: debe parecer una tarta partida. Rotula cada sección de tu tarta con las siguientes etiquetas: *Mi niño interior*, *Mi salud física*, *Mi salud mental*, *Mis relaciones*, *Mi familia*, *Mi trabajo*, *Mi dinero* y *Mi tiempo*.

2   En cada sección, reflexiona sobre lo que has descubierto que te nutre. Puedes escribir palabras en cada una de ellas o hacer dibujos. Diviértete celebrando tu mayor autoconocimiento. Por ejemplo, si descubriste que tu niño interior precisa tiempo para simplemente ser, sin hacer nada, podrías escribir palabras como *espacio* o *libertad*. O dibujarte a ti mismo mirando las nubes para representar esta necesidad. O para la sección *Mi salud mental* tal vez ahora sepas que necesitas asegurarte de dormir lo suficiente. Por supuesto, esto también puede coincidir con tu salud física. No pasa nada, a veces la misma actividad sustenta distintas áreas de tu vida.

3   Cuando hayas rellenado todas las secciones de tu tarta, tómate un momento para reflexionar sobre lo lejos que has

llegado. ¿Hasta qué punto crees que era diferente este dibujo cuando abriste las páginas de este libro por primera vez? ¡Es probable que sepas mucho más sobre quién eres y qué necesitas en la vida!

4 Ten esta imagen a mano, por ejemplo en tu mesilla de noche o colgada en un tablón. Cada vez que te sientas agotado o quemado, vuelve a este dibujo. Examínalo, sabiendo que las respuestas para reponerte están justo aquí. Da el primer paso que te llame la atención de este dibujo para recuperarte; puede ser, por ejemplo, reservar la mañana del domingo para poder dormir hasta tarde. Repite esta práctica tantas veces como necesites, recordando que habrá fluctuaciones naturales en tu relación contigo mismo.

Felicítate

Establecer límites te ayuda a satisfacer tus necesidades físicas básicas y a cuidar de tus emociones, ¡pero también te permite divertirte más y disfrutar plenamente de la vida! Esta actividad te ayuda a establecer límites específicos en torno a tu tiempo para que puedas dedicarte plenamente a ti mismo.

Herramientas:
Papel y bolígrafo

Pasos:

1   Realiza una lluvia de ideas con una lista de todas las actividades divertidas que siempre has querido hacer. Pueden ser desde las más insignificantes y poco costosas hasta las más grandes y extravagantes. No hace falta que imagines cómo podrás realizar todas estas actividades. Por ejemplo, tal vez quieras ir a un museo de arte, asistir a clases de pintura o visitar el país de tus antepasados.

2   Afirma en voz alta: «¡Tengo derecho a disfrutar de mi vida!». Puedes decirlo frente al espejo, gritarlo con júbilo o simplemente decirlo en tu fuero interno. Disfrutar de la vida es uno de los motivos por los que te has esforzado en cultivar límites sanos.

3   Si tienes una mezcla de sentimientos contradictorios cuando miras tu lista, reconócelos. Pon límites a la voz que te dice que *no puedes* hacer esas cosas y apóyate en sentimientos de alegría, esperanza o entusiasmo.

4   Elige una actividad de tu lista y prográmala. Puede ser importante o insignificante, elige lo que de verdad quieras y puedas hacer ahora mismo. Mientras planificas y ejecutas

esta idea, vuelve continuamente al hecho de que lo estás haciendo para celebrar el éxito de tu establecimiento de límites.

¡Te lo mereces!

Puede que una parte de tu ser se sienta ridícula o rara por celebrar tus logros. Si es así, acepta ese lado de ti y ponle límites. Tomarse tiempo para celebrarse a uno mismo en la vida es uno de los aspectos de tener límites sanos. ¡Te mereces una celebración!

Conclusión

¡Enhorabuena! Te has esforzado al realizar los ejercicios de este libro y has tenido la valentía de decidirte a afrontar la incomodidad de aprender nuevas habilidades que te han permitido reforzar tus límites.

Espero que estés llegando al final de este libro con mucho orgullo y amor propio. Has hecho un trabajo terapéutico muy arduo —una labor que pocos se atreven a hacer— para llegar a este punto. Estés donde estés ahora, disfruta de donde te encuentras. No hay una forma correcta o incorrecta de completar este libro, porque el cambio no es lineal.

Tómate tiempo para hacer una pausa y celebrar tu progreso. Disfruta de la vista de la cima de la montaña a la que te haya llevado tu viaje. Puedes seguir a lo largo de tu vida con la práctica e integrar tus nuevas habilidades mientras escalas diferentes montañas.

Más adelante, si decides que tienes más trabajo que hacer, podrías volver a la terapia o al trabajo de autodesarrollo. La sección de recursos de este libro te apoyará en esa búsqueda. Pero, por ahora, ¡disfruta de tu progreso y celebra tu auténtico yo!

Recursos

Trabajo con el niño interior y autocompasión

Brown, Brené (2019). *Los dones de la imperfección. Líbrate de quien crees que deberías ser y abraza a quien realmente eres.* GAIA.

Brown, Brené (2012). *Daring Greatly: How the Courage to Be Vulnerable Transforms the Way We Live, Love, Parent, and Lead* [Atreverse a lo grande. Cómo el valor de ser vulnerable transforma nuestra forma de vivir, amar, ser padres y liderar]. Nueva York: Avery.

Neff, Kristin (2016). *Sé amable contigo mismo: el arte de la compasión hacia uno mismo.* Paidós.

Neff, Kristin (2022). *Autocompasión fiera: cómo las mujeres pueden utilizar la amabilidad para expresarse, empoderarse y crecer.* Paidós.

Taylor, Cathryn L. (1991). *The Inner Child Workbook: What to Do with Your Past When It Just Won't Go Away.* [El libro de trabajo del niño interior: qué hacer con tu pasado cuando no quiere desaparecer], Nueva York: Jeremy P. Tarcher/Putnam.

Proteger tu realidad y ser más auténtico

Brown, Brené (2019). *Los dones de la imperfección. Líbrate de quien crees que deberías ser y abraza a quien realmente eres.* GAIA.

Cameron, Julia (2011). *El camino del artista: un curso de descubrimiento y rescate de tu propia creatividad.* Aguilar.

Confidently Authentic. ConfidentlyAuthentic.com.*

Doyle, Glennon (2021). *Indomable: deja de complacer, empieza a vivir.* Urano.

Kahneman, Daniel (2013). *Pensar rápido, pensar despacio.* DEBOLSILLO.

Mazzola Wood, Krystal (22 de noviembre de 2022). «How to Spot the Hidden Signs Someone Is Gaslighting You.». *Confidently Authentic.* https://confidentlyauthentic.com/how-to-spot-the-hidden-signs-someone-is-gaslighting-you.

---

* N. del T.: Blog de la autora, Krystal Mazzola Wood.

Molfino, Majo (2020). *Break the Good Girl Myth: How to Dismantle Outdated Rules, Unleash Your Power, and Design a More Purposeful Life.* [Rompe el mito de la niña buena: cómo desmantelar reglas anticuadas, liberar tu poder y diseñar una vida con más propósito]. Nueva York: HarperOne.

Proteger tu tiempo y practicar el autocuidado

Mazzola Wood, Krystal (28 de febrero de 2022). «How to Take Care of Yourself-6 Simple Self-Care Strategies». *Confidently Authentic.* https://confidentlyauthentic.com/how-to-self-care.

Mazzola Wood, Krystal (27 de junio de 2022). «Why Self-Care Is Not Selfish». *Confidently Authentic.* https://confidentlyauthentic.com/why-self-care-is-not-selfish.

Rodsky, Eve (2021). *Find Your Unicorn Space: Reclaim Your Creative Life in a Too-Busy World* [Encuentra tu espacio de unicornio: recupera tu vida creativa en un mundo demasiado ocupado]. Nueva York: G.P. Putnam's Sons.

Williams, Florence (2017). *La dosis natural: por qué la naturaleza nos hace más felices, más sanos y más creativos.* Paidós.

Zomorodi, Manoush (2017). *Bored and Brilliant: How Spacing Out Can Unlock Your Most Productive and Creative Self* [Aburrido y brillante: cómo la distracción puede liberar tu yo más productivo y creativo]. Nueva York: St. Martin's Press.

Proteger tu salud mental

Brach, Tara (2014). *Aceptación radical: abrazando tu vida con el corazón de un Buda.* Gaia.

Cronin, Elizabeth (2022). *Mindfulness Journal for Mental Health: Prompts and Practices to Improve Your Well-Being* [Diario de atención plena para la salud mental: sugerencias y prácticas para mejorar tu bienestar] Oakland, CA: Rockridge Press.

David, Susan (3 de noviembre de 2017). *The Gift and Power of Emotional Courage* [vídeo]. TED Conferences. https://ted.com/talks/susan_david_the_gift_and_power_of_emotional_courage.

Hanh, Thich Nhat (2022). *Silencio: el poder de la quietud en un mundo ruidoso.* Urano.

Kabat-Zinn, Jon (2017). *Mindfulness en la vida cotidiana: donde quiera que vayas, ahí estás.* Paidós.

Khedr, Mahmoud (22 de noviembre de 2019). *How Toxic Positivity Leads to More Suffering* [vídeo]. TEDx Talks. https://www.youtube.com/watch?v=5EOj2Z7hw5w.

Mazzola Wood, Krystal (8 de agosto de 2022). «What to Do If You Can't Afford Therapy: 4 Effective Tips from a Therapist». *Confidently Authentic*. https://confidentlyauthentic.com/what-to-do-if-you-cant-afford-therapy.

McKay, Matthew, Jeffrey C. Wood y Jeffrey Brantley (2007). *The Dialectical Behavior Therapy Skills Workbook: Practical DBT Exercises for Learning Mindfulness, Interpersonal Effectiveness, Emotion Regulation, and Distress Tolerance*. [Manual de habilidades de la terapia dialéctico-conductual: ejercicios prácticos de DBT para aprender mindfulness, eficacia interpersonal, regulación de las emociones y tolerancia a la angustia]. Oakland, CA: New Harbinger.

Tolle, Eckhart (2013). *El poder del ahora: una guía para la iluminación espiritual*. Gaia.

Sanación del trauma

The Bare Female [vídeos gratuitos de yoga]. https://www.youtube.com/@TheBareFemale.

Van der Kolk, Bessel (2020). *El cuerpo lleva la cuenta: cerebro, mente y cuerpo en la superación del trauma*. Editorial Eleftheria.

Yoga with Adriene [vídeos gratuitos de yoga]. https://www.youtube.com/user/ogawithadriene.

Proteger tu cuerpo

Innanen, Summer. *Eat the Rules* [podcast]. https://summerinnanen.com/etr.

Proteger tu dinero y tus contribuciones

Dunlap, Tori (2022). *Financial Feminist: Overcome the Patriarchy's Bullsh*t to Master Your Money and Build a Life You Love*. [Feminista financiera: supera las patrañas del patriarcado para gestionar tu dinero y construir una vida que te guste]. Nueva York: Dey Street Books.

Dunlap, Tori. *Her First $100K* [podcast]. https://herfirst100k.com.

Sethi, Ramit (2023). *Te enseñaré a ser rico: sin sentimiento de culpabilidad, sin excusas, sin tonterías*. Obelisco.

Proteger tus relaciones con tu familia

Mazzola, Krystal (2023). *Superar la codependencia: cinco pasos para entender, superar y liberarse de la espiral de la codependencia*. Sirio.

Mazzola, Krystal (2020). *The Codependency Workbook: Simple Practices for Developing and Maintaining Your Independence* [Manual de la codependencia:

prácticas sencillas para desarrollar y mantener tu independencia]. Emeryville, CA: Rockridge Press.

Protege tus relaciones íntimas y tus habilidades para tener citas

Behary, Wendy T. (2018). *Como desarmar al narcisista: sobrevivir y desarrollarse junto a un egocéntrico.* Ediciomes Pleyades.

Levine, Amir y Rachel Heller (2023). *Maneras de amar: la nueva ciencia del apego para encontrar el amor y conservarlo.* Urano.

Mazzola, Krystal (2023). *Superar la codependencia: cinco pasos para entender, supercar y liberarse de la espiral de la codependencia.* Sirio.

Mazzola, Krystal (2020). *The Codependency Workbook: Simple Practices for Developing and Maintaining Your Independence* [Manual de la codependencia: prácticas sencillas para desarrollar y mantener tu independencia] Emeryville, CA: Rockridge Press.

Mazzola Wood, Krystal. *Confidently Authentic* [blog]. ConfidentlyAuthentic. com.

Ruiz, don Miguel (1998). *Los cuatro acuerdos: un libro de sabiduría tolteca.* Urano.

Tallon-Hicks, Yana (2022). *Hot and Unbothered: How to Think about, Talk about, and Have the Sex You Really Want* [Caliente y sin problemas: cómo pensar, hablar y tener el sexo que realmente deseas]. Nueva York: Harper Wave.

The Gottman Institute, *A Research-Based Approach to Relationships* [*workshops* y blog]. https://gottman.com.

The Healthy Relationship Foundation [*workshops* y blog]. https:// healthyrelationshipfoundation.com.

The Love Fix [*podcast*]. https://thelovefix.com/listen.

Protege tu comunidad y tus amistades

Dr. Marisa G. Franco [blog sobre amistad y relaciones]. https://drmarisagfranco.com.

Franco, Marisa G. (2022). *Platonic: How the Science of Attachment Can Help You Make —and Keep— Friends* [Platónico: cómo la ciencia del apego puede ayudarte a hacer —y conservar— amigos]. Nueva York: G.P . Putnam's Sons.

Encontrar un terapeuta

Psychology Today Directory. https://psychologytoday.com/us/therapists (puedes buscar por área, especialidades, seguros y otros filtros).*

---

* N. del T.: La versión en castellano del directorio se llama *Encuentra un psicólogo*, https://www.psychologytoday.com/es/psicologos-psicoterapeutas.

Referencias

Cómo utilizar este libro

Kahneman, Daniel (2013). *Pensar rápido, pensar despacio*. DEBOLSILLO.

Capítulo 2

Mazzola, Krystal (2023). *Superar la codependencia: cinco pasos para entender, superar y liberarse de la espiral de la codependencia*. Sirio.

Mazzola, Krystal (2020). *The Codependency Workbook: Simple Practices for Developing and Maintaining Your Independence* [Manual de la codependencia: prácticas sencillas para desarrollar y mantener tu independencia] Emeryville, CA: Rockridge Press.

Mellody, Pia (2005). *La codependencia: qué es, dónde procede, cómo sabotea nuestras vidas*. Paidós.

Capítulo 3

Attkisson, Sharyl (6 de febrero de 2015). *Astroturf and Manipulation of Media Messages* [vídeo]. TEDx Talks. https://youtube.com/watch?v=-bYAQ-ZZtEU.

Connolly, Maureen (25 de abril de 2023). «ADHD in Girls: The Symptoms That Are Ignored in Females». *ADDitude Magazine*. https://additudemag.com/adhd-in-girls-women.

Mazzola, Krystal (2020). *The Codependency Workbook: Simple Practices for Developing and Maintaining Your Independence* [Manual de la codependencia: prácticas sencillas para desarrollar y mantener tu independencia] Emeryville, CA: Rockridge Press.

Mazzola Wood, Krystal (22 de noviembre de 2022). «How to Spot the Hidden Signs Someone Is Gaslighting You». *Confidently Authentic*. https://confidentlyauthentic.com/how-to-spot-the-hidden-signs-someone-is-aslighting-you.

Mellody, Pia (2005). *La codependencia: qué es, dónde procede, cómo sabotea nuestras vidas*. Paidós.

Molfino, Majo (2020). «The Myth of Logic» [El mito de la lógica] En *Break the Good Girl Myth: How to Dismantle Outdated Rules, Unleash Your Power, and Design a More Purposeful Life* [Rompe el mito de la niña buena: cómo desmantelar reglas anticuadas, liberar tu poder y diseñar una vida con más propósito]. Nueva York: HarperOne.

Quinn, Patricia y Sharon Wigal (4 de mayo de 2004). «Perceptions of Girls and ADHD: Results from a National Survey». *Medscape General Medicine*, 6 (2), 2. PMID: 15266229, PMCID: PMC1395774.

Witvliet, Margot Gage (23 de octubre de 2022). «How COVID-19 Brought Medical Gaslighting to the Forefront and Made Invisible Illness Visible: Lessons from the BIPOC Long COVID Study». En S. Palermo y B. Olivier (eds.), *COVID-19 Pandemic, Mental Health and Neuroscience —New Scenarios for Understanding and Treatment.* IntechOpen. https://doi.org/10.5772/intechopen.107936.

Capítulo 4

Hanh, Thich Nhat (2022). *Silencio: el poder de la quietud en un mundo ruidoso.* Urano.

Heshmat, Shahram (4 de abril de 2020). «5 Benefits of Boredom». *Psychology Today.* https://psychologytoday.com/us/blog/science-choice/202004/5- benefits-boredom.

Mark, Gloria, Daniela Gudith y Ulrich Klocke (abril de 2008). «The Cost of Interrupted Work: More Speed and Stress». En *Proceedings of the SIGCHI Conference on Human Factors in Computing Systems*, 107-110. https:// doi.org/10.1145/1357054.1357072.

Pattison, Kermit (28 de julio de 2008). «Worker, Interrupted: The Cost of Task Switching». *Fast Company.* https://fastcompany.com/944128/worker-interrupted-cost-task-switching.

Capítulo 5

Brach, Tara (2014). *Aceptación radical: abrazando tu vida con el corazón de un Buda.* Gaia.

Bradt, Steve (11 de noviembre de 2010). «Wandering Mind Not a Happy Mind». *The Harvard Gazette.* https://news.harvard.edu/gazette/story/2010/11/wandering-mind-not-a-happy-mind.

Hanh, Thich Nhat (2022). *Silencio: el poder de la quietud en un mundo ruidoso.* Urano.

Kabat-Zinn, Jon (2017). *Mindfulness en la vida cotidiana: donde quiera que vayas, ahí estás.* Paidós.

Mazzola, Krystal (2023). *Superar la codependencia: cinco pasos para entender, superar y liberarse de la espiral de la codependencia.* Sirio.

Van der Kolk, Bessel (2020). *El cuerpo lleva la cuenta: cerebro, mente y cuerpo en la superación del trauma.* Editorial Eleftheria.

Capítulo 6

Armstrong, Lawrence E. *et al.* (febrero de 2012). «Mild Dehydration Affects Mood in Healthy Young Women». *Journal of Nutrition*, 142 (2), 382-388. https://doi.org/10.3945/jn.111.142000.

Gordon, Amie M. y Serena Chen (mayo de 2013). «The Role of Sleep in Interpersonal Conflict: Do Sleepless Nights Mean Worse Fights?». *Social Psychological and Personality Science*, 5 (2), 168-175. https://doi.org/10.1177/1948550613488952.

Mazzola Wood, Krystal (28 de febrero de 2022). «How to Take Care of Yourself –6 Simple Self-Care Strategies». *Confidently Authentic.* https://confidentlyauthentic.com/how-to-self-care.

_____(27 de junio de 2022). «Why Self-Care Is Not Selfish». *Confidently Authentic.* https://confidentlyauthentic.com/why-self-care-is-not-selfish.

Capítulo 7

Achor, Shawn y Michelle Gielan (13 de julio de 2016). «The Data-Driven Case for Vacation». *Harvard Business Review.* https://hbr.org/2016/07/the-data-driven-case-for-vacation.

Alhola, Paula y Päivi Polo-Kantola (octubre de 2007). «Sleep Deprivation: Impact on Cognitive Performance». *Neuropsychiatric Disease and Treatment*, 3 (5), 553-567. PMID: 19300585, PMCID: PMC2656292.

Cooper, Christopher B. *et al.* (4 de octubre de 2018). «Sleep Deprivation and Obesity in Adults: A Brief Narrative Review». *BMJ Open Sport & Exercise Medicine*, 4 (1), e000392. https://doi.org/10.1136/bmjsem-2018-000392.

Dong, Lu, Yongwei Xie y Xiaohua Zou (1 de enero de 2022). «Association Between Sleep Duration and Depression in US Adults: A Cross-Sectional Study». *Journal of Affective Disorders*, 296, 183-188. https://doi.org/10.1016/j.jad.2021.09.075.

Gordon, Amie M. y Serena Chen (mayo de 2013). «The Role of Sleep in Interpersonal Conflict: Do Sleepless Nights Mean Worse Fights?». *Social Psychological and Personality Science*, 5 (2), 168-175. https://doi.org/10.1177/1948550613488952.

Grandner, Michael A. *et al.* (septiembre de 2016). «Sleep: Important Considerations for the Prevention of Cardiovascular Disease». *Current*

Opinion in Cardiology, 31 (5), 551-565. https://doi.org/10.1097/HCO.0000000000000324.

Kahneman, Daniel (2013). *Pensar rápido, pensar despacio*. DEBOLSILLO.

Kochhar, Rakesh, Kim Parker y Ruth Igielnik (28 de julio de 2022). «Majority of US Workers Changing Jobs Are Seeing Real Wage Gains». *Pew Research Center*. https://pewresearch.org/social-trends/2022/07/28/Majority-of-u-s- workers-changing-jobs-are-seeing-real-wage-gains.

Mazzola, Krystal (2023). *Superar la codependencia: cinco pasos para entender, superar y liberarse de la espiral de la codependencia*. Sirio.

Capítulo 9

Levine, Amir y Rachel Heller (2023). *Maneras de amar: la nueva ciencia del apego para encontrar el amor y conservarlo*. Urano.

Capítulo 10

Brown, Brené (2019). *Los dones de la imperfección: líbrate de quien crees que deberías ser y abraza a quien realmente eres*. GAIA.

Eisenberger, Naomi I. y Steve W. Cole (15 de abril de 2012). «Social Neuroscience and Health: Neurophysiological Mechanisms Linking Social Ties with Physical Health». *Nature Neuroscience*, 15, 669-674. https://doi.org/10.1038/nn.3086.

Franco, Marisa G. (16 de febrero de 2020). «5 Skills for Making Friends As an Adult». *Dr. Marisa G. Franco*. https://drmarisagfranco.com/5-skills-for-making-friends-as-an-adult.

Holt-Lunstad, Julianne (4 de mayo de 2021). *Is Social Disconnection Comparable to Smoking?* [vídeo]. TEDx Talks. www.ted.com/talks/julianne_holt_lunstad_is_social_disconnection_comparable_to_smoking.

Primack, Brian A. *et al.* (6 de marzo de 2017). «Social Media Use and Perceived Social Isolation among Young Adults in the US». *American Journal of Preventive Medicine*, 53 (1), 1-8. https://doi.org/10.1016/j.amepre.2017.01.010.

The Cigna Group (2023). *The Loneliness Epidemic Persists: A Post-Pandemic Look at the State of Loneliness among US Adults*. https://newsroom.thecignagroup.com/loneliness-epidemic-persists-post-pandemic-look.

Índice temático